I0566841

BESTACTIVITYBOOKS.COM

EERSTE EDITIE - Gepubliceerd in 2022

Extra grafisch materiaal van: www.freepik.com
Dank aan: Alekksall, Starline, Pch.vector, Rawpixel.com, Vectorpocket, Dgim-studio, Upklyak, Macrovector, Stockgiu, Pikisuperstar & Freepik.com Designers

5 TIPS OM TE BEGINNEN!

1) HOE OP TE LOSSEN

De Puzzels zijn in een Klassiek Formaat:

- Woorden worden verborgen zonder pauzes (geen spaties, streepjes, ...)
- Oriëntatie: Voorwaarts & Achterwaarts, Boven & Beneden of in Diagonaal (kan in beide richtingen)
- Woorden kunnen elkaar overlappen of kruisen

2) ACTIEF LEREN

Naast elk woord is een spatie voorzien om de vertaling te noteren. Om actief te leren vindt u een **WOORDENBOEK** aan het einde van deze editie om uw kennis te controleren en uit te breiden. U kunt elke vertaling opzoeken en opschrijven, de woorden in de puzzel vinden en ze vervolgens aan uw woordenschat toevoegen!

3) TAG JE WOORDEN

Hebt u al geprobeerd een labelsysteem te gebruiken? U zou bijvoorbeeld de woorden die moeilijk te vinden waren kunnen markeren met een kruis, de woorden die u leuk vond met een ster, nieuwe woorden met een driehoek, zeldzame woorden met een ruit enzovoort...

4) ORGANISEER UW LEREN

Wij bieden ook een handig **NOTITIEBOEKJE** aan het eind van deze uitgave. Of u nu op vakantie, op reis of thuis bent, u kunt uw nieuwe kennis gemakkelijk ordenen zonder dat u een tweede notitieboek nodig hebt!

5) AFGESLOTEN?

Ga naar de bonussectie: **FINAAL UITDAGING** om een gratis spel te vinden dat aan het einde van deze editie wordt aangeboden!

Wil je meer leuke en leerzame activiteiten? Het is **Snel en Eenvoudig!**
Een hele collectie spelboeken slechts **één klik verwijderd!**

Vind uw volgende uitdaging bij:

BestActivityBooks.com/MijnVolgendeBoek

Klaar... Start!

Wist u dat er zo'n 7000 verschillende talen in de wereld zijn? Woorden zijn kostbaar.

We houden van talen en hebben hard gewerkt om de boeken van de hoogste kwaliteit voor u te maken. Onze ingrediënten?

Een selectie van onmisbare leerthema's, drie grote plakken plezier, dan voegen we er een lepel moeilijke woorden en een snuifje zeldzame woorden aan toe. We serveren ze met zorg en een maximum aan verrukking, zodat je de beste woordspelletjes kunt oplossen en veel plezier beleeft aan het leren!

Uw feedback is essentieel. U kunt een actieve bijdrage leveren aan het succes van dit boek door een recensie achter te laten. Vertel ons wat u het meest beviel in deze editie!

Hier is een korte link die u naar uw bestelpagina brengt:

BestBooksActivity.com/Recensies50

Bedankt voor uw hulp en veel plezier met het spel!

Linguas Classics

1 - Metingen

G	C	P	K	P	C	J	V	C	K	E	K	E	T	K	Z
R	E	T	É	M	O	L	I	K	B	N	I	W	W	L	U
D	N	J	D	M	M	A	R	G	K	Y	L	E	V	Ü	H
I	T	J	Á	B	A	N	N	O	T	O	O	K	E	X	O
F	I	B	P	E	I	G	W	B	J	S	G	T	H	G	B
O	M	P	E	R	C	M	A	Y	S	X	R	I	J	N	J
K	É	S	L	E	N	F	É	S	F	H	A	Z	O	H	O
O	T	Z	B	T	U	U	Y	R	S	H	M	E	C	J	L
Z	E	É	R	I	L	N	F	M	Ő	Á	M	D	J	W	T
A	R	L	M	L	H	O	S	S	Z	F	G	E	M	Ö	T
T	C	E	Z	L	N	I	L	B	W	H	É	S	O	E	S
N	G	S	T	N	H	S	E	C	E	L	S	S	U	L	P
C	V	S	V	P	R	O	H	Z	T	E	Y	Ú	N	X	P
C	I	É	S	I	L	W	W	H	N	R	L	L	F	B	I
K	E	G	J	X	O	D	U	H	T	D	É	Y	B	Z	N
J	H	K	W	R	J	N	Y	B	Y	E	M	F	B	K	T

SZÉLESSÉG
BÁJT
CENTIMÉTER
TIZEDES
MÉLYSÉG
SÚLY
FOKOZAT
GRAMM
MAGASSÁG
HÜVELYK
KILOGRAMM
KILOMÉTER
HOSSZ
LITER
TÖMEG
MÉRŐ
PERC
UNCIA
PINT
TONNA

2 - Opwarming van de Aarde

D	K	E	P	G	F	B	E	L	O	K	I	R	K	W	H
T	O	K	N	J	E	E	A	M	M	M	Y	G	O	D	Ő
U	S	I	C	E	E	N	J	Y	B	P	A	U	R	B	M
G	Á	Z	J	B	R	D	E	L	X	N	M	J	M	R	É
I	Z	G	T	M	A	G	X	R	Ő	I	T	Ö	Á	V	R
F	O	H	D	R	P	B	I	T	Á	D	C	V	N	Á	S
I	T	S	O	M	I	I	E	A	N	C	É	Ő	Y	L	É
G	L	G	Y	R	M	B	D	D	B	B	I	S	M	S	K
Y	Á	L	Z	T	A	L	J	A	H	G	É	Ó	H	Á	L
E	V	E	M	B	E	R	E	K	S	N	M	D	K	G	E
L	D	N	E	M	Z	E	T	K	Ö	Z	I	U	G	T	T
E	F	X	U	G	R	X	T	Z	I	R	P	T	Z	U	A
M	S	A	R	K	V	I	D	É	K	I	O	Z	Z	C	R
B	A	J	C	R	L	L	P	D	D	R	I	J	A	C	Z
K	Ö	R	N	Y	E	Z	E	T	I	K	S	W	O	A	G
J	O	G	S	Z	A	B	Á	L	Y	O	K	G	M	M	R

FIGYELEM
SARKVIDÉKI
VÁLSÁG
ENERGIA
GÁZ
ADAT
GENERÁCIÓK
IPAR
NEMZETKÖZI
ÉGHAJLAT

EMBEREK
KÖRNYEZETI
MOST
FEJLŐDÉS
KORMÁNY
HŐMÉRSÉKLET
JÖVŐ
VÁLTOZÁSOK
TUDÓS
JOGSZABÁLYOK

3 - Keuken

Z	O	Z	X	C	M	L	F	S	O	O	E	E	T	V	U
C	S	K	Y	X	U	X	U	T	C	S	É	S	Z	É	K
O	Z	Y	L	H	F	J	J	P	S	C	O	B	B	B	K
É	L	E	L	M	I	S	Z	E	R	A	Z	L	B	R	Ö
O	L	Á	H	I	B	Y	B	C	H	V	S	Ü	T	Ő	T
R	I	X	N	Ű	Z	Y	Y	E	L	I	I	R	S	F	É
L	R	D	H	A	T	N	E	R	V	Z	W	V	Z	Ű	N
Y	G	I	T	T	K	Ő	D	G	Y	S	K	I	A	S	Y
S	E	E	H	G	E	Ő	S	D	Y	R	É	L	L	Z	V
K	O	R	S	Ó	N	K	R	Z	L	X	S	L	V	E	X
D	O	V	L	R	N	E	A	E	E	F	E	A	É	R	G
N	T	N	M	H	I	O	R	N	M	K	K	A	T	E	T
K	A	N	A	L	A	K	D	Y	C	T	R	G	A	K	Y
T	Á	L	L	R	N	H	M	H	Y	S	N	É	J	X	S
V	Í	Z	F	O	R	R	A	L	Ó	V	Ó	G	N	S	K
M	É	L	Y	H	Ű	T	Ő	D	C	X	X	W	T	Y	S

CSÉSZÉK
ENNI
GRILL
VÍZFORRALÓ
HŰTŐSZEKRÉNY
TÁL
KANCSÓ
KANALAK
KÉSEK
SÜTŐ
MERŐKANÁL
KORSÓ
RECEPT
KÖTÉNY
SZALVÉTA
FŰSZEREK
SZIVACS
ÉLELMISZER
VILLA
MÉLYHŰTŐ

4 - Boten

T	Ó	C	E	Á	N	F	R	H	P	T	E	L	X	V	M
H	U	Z	S	P	M	L	I	O	J	A	C	H	T	C	E
T	D	T	S	E	S	Á	L	R	O	T	I	V	F	Á	N
Y	S	Z	A	N	A	L	O	G	E	I	O	C	G	R	T
L	I	M	V	J	I	Z	C	O	R	G	U	R	F	B	Ő
E	N	Z	M	K	K	H	Z	N	U	K	N	D	P	O	C
G	R	X	H	Ö	G	É	S	Y	N	É	G	E	L	C	S
H	U	Y	Z	T	B	Ó	J	A	E	P	X	Z	T	P	Ó
U	M	T	S	É	K	A	J	A	K	C	W	W	C	N	N
L	A	O	Y	L	B	N	P	M	Y	M	H	N	Z	V	A
L	F	C	T	B	U	T	P	X	I	A	A	M	E	E	K
Á	X	X	R	O	T	E	F	O	L	Y	Ó	X	X	M	K
M	E	M	L	Z	R	N	C	V	E	C	T	P	Z	C	M
O	F	B	L	B	Y	G	M	Y	T	C	E	D	O	K	K
K	J	K	N	O	S	E	R	U	Y	I	L	F	P	E	Z
K	O	M	P	U	G	R	M	S	U	B	K	X	D	J	N

HORGONY
LEGÉNYSÉG
BÓJA
DOKK
HULLÁMOK
JACHT
KAJAK
KENU
ÁRBOC
TÓ

MOTOR
TENGERI
ÓCEÁN
MENTŐCSÓNAK
FOLYÓ
KÖTÉL
KOMP
TUTAJ
TENGER
VITORLÁS

5 - Chocolade

R	Y	G	O	H	V	L	C	M	Ö	K	O	K	C	J	E
W	Y	E	J	W	F	G	U	I	S	A	R	Ó	U	C	E
F	A	F	F	U	C	R	K	N	S	R	K	K	K	K	A
F	I	N	V	P	W	W	O	Ő	Z	A	E	U	O	N	P
E	X	N	T	F	T	X	R	S	E	M	S	S	R	O	P
K	G	G	O	I	E	H	L	É	T	E	E	Z	K	X	N
K	J	Z	A	M	O	R	A	G	E	L	R	D	A	E	H
E	L	Í	O	R	L	X	A	G	V	L	Ű	I	C	A	H
D	M	K	J	T	S	A	I	C	Ő	B	L	Ó	G	V	W
V	T	A	L	P	I	O	V	D	B	P	G	S	T	S	N
E	K	L	X	E	P	K	D	S	Á	G	R	Á	V	Ó	S
N	A	Ó	V	C	F	N	U	L	O	N	E	N	N	I	R
C	K	R	J	E	C	U	M	S	Z	M	S	É	D	E	S
L	A	I	L	R	O	Y	X	P	B	Y	L	I	F	C	H
S	Ó	A	Y	T	C	S	I	P	G	A	P	J	H	W	Z
L	G	R	D	I	Z	A	J	H	Z	D	G	B	K	N	V

ANTIOXIDÁNS
AROMA
KESERŰ
KAKAÓ
KALÓRIA
ENNI
EGZOTIKUS
KEDVENC
FINOM
ÖSSZETEVŐ
KARAMELL
KÓKUSZDIÓ
MINŐSÉG
POR
RECEPT
ÍZ
CUKORKA
CUKOR
SÓVÁRGÁS
ÉDES

6 - Gezondheid en Welzijn #2

K	U	T	B	E	T	E	G	S	É	G	N	N	E	P	S
Ó	W	Á	U	P	B	M	Y	W	N	M	J	R	Y	D	T
R	B	P	V	I	T	A	M	I	N	V	O	C	E	M	R
H	Y	L	Ú	S	É	Z	Ő	T	R	E	F	L	F	V	E
Á	E	Á	H	K	M	E	N	N	V	S	I	R	A	V	S
Z	N	L	N	N	W	S	A	I	N	É	I	G	I	H	S
O	E	K	G	S	B	A	I	R	Ó	L	A	K	M	V	Z
R	R	O	I	E	V	É	R	M	A	Ü	T	L	Ó	G	H
W	G	Z	U	G	N	L	U	G	V	P	É	F	T	P	A
F	I	Á	S	É	S	E	R	G	T	É	I	B	A	V	X
S	A	S	P	S	E	C	T	F	T	L	D	B	N	W	O
E	M	É	S	Z	T	É	S	I	W	E	F	Y	A	Z	H
W	B	J	E	S	G	Z	N	V	K	F	S	M	Y	D	L
V	W	A	M	É	B	I	H	S	C	A	I	T	X	C	P
E	B	X	C	G	M	A	S	S	Z	Á	Z	S	K	W	N
W	S	G	I	E	A	L	L	E	R	G	I	A	O	Y	O

ALLERGIA
ANATÓMIA
VÉR
KALÓRIA
DIÉTA
ENERGIA
GENETIKA
SÚLY
EGÉSZSÉGES
FELÉPÜLÉS
HIGIÉNIA
FERTŐZÉS
TEST
MASSZÁZS
EMÉSZTÉS
STRESSZ
VITAMIN
TÁPLÁLKOZÁS
KÓRHÁZ
BETEGSÉG

7 - Tijd

K	W	M	V	P	É	T	S	O	M	I	D	Z	U	D	Y
A	O	O	A	C	J	É	E	I	J	J	Ö	V	Ő	A	W
C	X	R	P	S	S	H	V	G	T	L	D	E	L	X	H
J	K	Z	A	P	Z	Z	É	P	N	H	O	L	N	A	P
Z	Y	R	M	I	A	V	D	I	G	A	L	H	U	R	I
L	R	N	P	L	K	U	S	R	Z	L	P	Ó	K	Ó	O
É	V	P	M	I	A	S	Z	Á	Z	A	D	N	C	M	V
D	C	L	E	G	G	E	R	G	V	E	X	A	P	X	Y
E	F	R	E	R	F	D	Z	E	H	V	Y	P	G	U	S
Z	S	J	U	Á	C	I	J	T	J	I	H	Y	D	F	D
I	J	B	T	T	T	Z	B	A	V	Y	N	B	I	Y	C
T	D	K	Á	P	E	K	Y	Y	G	R	F	M	C	J	M
V	X	L	N	A	Z	C	L	J	N	V	V	J	E	E	G
É	O	Y	J	N	E	R	G	Y	N	A	P	V	Y	C	M
A	W	Z	C	M	F	R	I	F	A	Z	I	L	H	K	O
T	A	L	I	W	E	X	A	E	O	D	U	G	R	S	O

NAP
ÉVTIZED
SZÁZAD
TEGNAP
ÉV
ÉVES
NAPTÁR
HÓNAP
DÉL
PERC
HOLNAP
UTÁN
ÉJSZAKA
MOST
REGGEL
JÖVŐ
ÓRA
MA
KORAI
HÉT

8 - Meditatie

L	Y	U	W	E	E	W	W	W	T	Z	J	L	B	B	E
É	V	J	H	A	V	Í	T	K	E	P	S	R	E	P	G
G	É	S	S	E	V	D	E	K	S	A	A	Z	G	M	Y
Z	C	D	S	W	P	A	P	O	T	H	P	V	S	Y	Ü
É	O	U	Z	B	E	T	I	I	T	N	K	B	É	K	T
S	M	H	Á	L	A	S	Á	D	A	G	O	F	L	E	T
M	E	N	T	Á	L	I	S	Z	R	B	T	W	E	M	É
T	L	W	W	A	C	V	Z	E	T	O	A	O	Y	L	R
I	E	É	B	R	E	N	H	N	Á	L	L	F	G	E	Z
Z	Y	R	H	K	B	O	E	E	S	D	O	L	I	Z	É
R	G	C	M	S	X	É	M	Z	M	O	D	C	F	R	S
V	I	Y	K	É	D	R	K	R	O	G	N	N	G	É	K
F	F	K	D	D	S	S	T	E	Z	S	O	F	E	X	G
N	F	X	R	P	Y	Z	S	I	G	Á	G	V	M	S	W
M	X	B	X	F	L	R	E	P	Á	G	I	P	X	D	C
S	X	A	W	P	F	M	R	T	S	E	B	Z	G	E	E

FIGYELEM
ELFOGADÁS
LÉGZÉS
MOZGÁS
HÁLA
ÉRZELMEK
GONDOLATOK
BOLDOGSÁG
TESTTARTÁS
EGYÜTTÉRZÉS

MENTÁLIS
ZENE
TERMÉSZET
MEGFIGYELÉS
PERSPEKTÍVA
CSEND
BÉKE
KEDVESSÉG
ÉBREN

9 - Muziek

M	O	S	C	R	L	E	T	É	V	L	E	F	L	F	T
I	I	E	J	S	M	Z	S	U	K	I	M	T	I	R	E
O	A	K	Z	T	Y	K	U	Z	T	W	J	K	F	U	M
P	R	E	R	Z	S	L	R	Ö	K	K	D	L	B	I	P
E	Í	N	H	O	V	S	Ó	N	K	Ö	B	A	A	Y	Ó
R	L	É	C	U	F	S	K	Ö	U	A	Z	S	L	F	W
A	E	E	Y	D	T	O	Z	T	L	K	S	S	L	E	L
Z	K	F	V	N	P	C	N	G	P	A	É	Z	A	K	M
E	E	K	Ö	L	T	Ő	I	Ö	R	L	N	I	D	J	Y
S	N	N	M	R	V	Z	G	R	X	B	E	K	A	V	X
Y	É	Z	E	R	I	T	M	U	S	U	Z	U	K	J	D
L	D	S	V	I	A	H	P	W	Y	M	K	S	W	I	L
H	A	R	M	Ó	N	I	A	D	A	L	L	A	M	Y	D
X	F	E	N	O	B	U	G	U	W	M	Y	X	O	L	C
E	L	D	J	P	E	W	X	E	F	G	V	G	K	V	L
J	M	W	P	R	W	X	W	D	R	M	V	K	I	I	Y

ALBUM
BALLADA
HARMÓNIA
RÖGTÖNÖZ
ESZKÖZ
KLASSZIKUS
KÓRUS
LÍRAI
DALLAM
MIKROFON
ZENEI
ZENÉSZ
OPERA
FELVÉTEL
KÖLTŐI
RITMUS
RITMIKUS
TEMPÓ
ÉNEKES
ÉNEKEL

10 - Vogels

E	T	W	O	N	S	U	G	F	K	C	A	W	D	U	K
P	S	G	Y	Ú	J	R	A	V	L	W	J	M	X	N	K
J	H	T	T	K	V	E	L	S	E	L	D	V	O	A	U
Y	L	Á	R	I	S	F	A	Z	C	E	I	W	Y	Ú	K
A	F	W	L	U	C	K	M	X	O	A	G	Ó	L	Y	A
E	F	E	O	P	C	P	B	J	P	V	K	K	O	T	K
C	S	I	R	K	E	C	I	F	S	Á	V	N	G	T	K
P	D	B	E	U	O	U	T	N	I	P	Z	O	A	A	N
E	Y	W	Y	T	R	X	A	Á	G	V	A	V	B	H	P
L	T	Y	T	O	X	L	I	K	P	V	M	M	W	P	S
I	X	S	F	J	J	I	E	U	U	O	I	F	S	A	U
K	M	Z	K	Á	U	B	A	T	P	A	X	N	N	P	M
Á	K	H	V	S	O	A	V	E	R	É	B	D	C	A	E
N	X	G	A	L	G	F	L	A	M	I	N	G	Ó	G	V
Z	A	S	W	V	É	Z	P	E	D	S	Y	N	E	Á	A
V	V	R	T	U	M	I	K	L	K	M	N	K	U	J	R

GALAMB
KACSA
TOJÁS
FLAMINGÓ
LIBA
CSIRKE
KAKUKK
VARJÚ
SIRÁLY
VERÉB

GÓLYA
PAPAGÁJ
PÁVA
PELIKÁN
PINGVIN
GÉM
STRUCC
TUKÁN
BAGOLY
HATTYÚ

11 - Universum

T	J	O	K	Z	G	A	Y	L	Á	P	X	D	M	P	V
G	Á	N	U	U	I	S	E	G	Y	E	N	L	Í	T	Ő
A	C	V	L	E	X	Z	K	Z	É	N	U	O	A	A	X
L	S	H	C	Z	V	T	E	É	G	S	W	H	X	W	N
A	I	O	S	S	D	E	T	P	U	Y	T	V	G	H	I
X	L	S	Z	Á	Ő	R	L	L	Y	Z	T	É	H	O	P
I	L	S	É	G	T	O	É	D	I	V	U	A	T	M	E
S	A	Z	L	A	E	I	F	X	A	J	L	D	L	Ö	K
L	G	Ú	E	L	C	D	H	O	R	I	Z	O	N	T	S
É	Á	S	S	L	P	A	N	M	L	O	Z	T	Y	W	B
G	S	Á	S	I	C	B	Y	P	Á	O	W	N	S	O	K
K	Z	G	É	S	U	G	C	F	T	V	J	I	G	B	S
Ö	A	H	G	C	H	X	L	T	H	E	W	J	U	N	M
R	T	Á	L	L	A	T	Ö	V	A	B	B	H	Z	V	S
K	O	Z	M	I	K	U	S	W	T	M	E	O	Y	X	Z
F	M	C	J	S	E	K	J	P	Ó	J	N	W	F	C	P

ASZTEROIDA
CSILLAGÁSZAT
CSILLAGÁSZ
LÉGKÖR
PÁLYA
SZÉLESSÉG
ÁLLATÖV
SÖTÉTSÉG
EGYENLÍTŐ
FÉLTEKE
ÉG
HORIZONT
KOZMIKUS
HOSSZÚSÁG
HOLD
GALAXIS
TÁVCSŐ
LÁTHATÓ
NAP

12 - Wiskunde

H	Á	R	O	M	S	Z	Ö	G	F	A	O	W	P	I	F
T	I	V	A	I	R	T	E	M	M	I	Z	S	Á	L	R
X	O	J	F	S	U	G	Á	R	B	R	P	R	R	T	W
C	O	W	V	T	B	S	Z	Á	M	T	A	N	H	K	M
T	K	H	H	B	I	E	B	E	Z	E	L	O	U	E	O
C	Ö	F	E	F	W	Z	V	Y	D	M	A	G	Z	R	V
K	R	R	G	Ö	M	B	E	K	T	O	L	I	A	Ü	E
Y	L	R	E	J	H	V	M	D	W	E	G	L	M	L	G
L	L	D	X	D	L	G	E	N	E	G	É	O	O	E	Y
Y	I	C	T	B	É	P	R	É	P	S	T	P	S	T	E
Ö	W	V	W	O	H	K	Ő	G	K	I	T	E	V	Ő	N
T	S	U	M	W	F	E	L	Y	W	P	N	V	I	R	L
X	P	S	P	Y	W	G	E	Z	Z	V	X	V	K	É	E
N	J	U	Z	B	N	Ö	G	E	E	G	E	O	T	M	T
V	L	J	E	E	C	Z	E	T	Y	H	J	D	B	T	C
R	N	B	R	Y	G	S	S	L	H	F	O	K	I	Á	F

GÖMB
TIZEDES
ÁTMÉRŐ
HÁROMSZÖG
KITEVŐ
TÖREDÉK
GEOMETRIA
FOK
SZÖGEK
MERŐLEGES
KERÜLET
PÁRHUZAMOS
TÉGLALAP
SZÁMTAN
ÖSSZEG
SUGÁR
SZIMMETRIA
POLIGON
EGYENLET
NÉGYZET

13 - Gezondheid en Welzijn #1

B	G	Z	E	Z	J	D	A	U	K	P	M	R	D	F	O
G	A	E	M	Z	S	O	V	R	O	O	I	O	X	F	R
Y	I	K	V	V	É	L	Í	I	F	P	Z	G	J	W	V
Ó	P	T	T	G	L	F	T	D	K	V	Í	R	U	S	O
G	Á	I	Ö	É	Ü	Z	K	E	O	L	S	P	E	Z	S
Y	R	F	T	R	R	Y	A	G	M	H	I	C	F	F	S
S	E	V	N	R	É	I	U	E	Z	E	X	N	A	W	Á
Z	T	S	R	R	S	S	U	K	I	X	F	B	I	P	G
E	G	Á	S	S	A	G	A	M	X	H	R	I	I	K	E
R	H	P	É	Á	G	B	W	R	O	N	E	B	Ő	R	A
T	Z	J	L	K	É	H	S	É	G	K	F	J	Y	A	S
Á	B	D	E	O	N	V	P	H	T	B	L	F	N	V	D
R	I	Y	Z	Z	O	R	E	H	N	N	E	B	Y	O	U
H	X	H	E	S	D	X	S	Z	Y	X	X	J	E	E	Y
F	Y	B	K	P	Y	H	O	R	M	O	N	O	K	D	N
Y	K	I	K	A	P	C	S	O	L	Ó	D	Á	S	E	Z

AKTÍV
GYÓGYSZERTÁR
BAKTÉRIUMOK
KEZELÉS
TÖRÉS
ORVOS
SZOKÁS
ÉHSÉG
MAGASSÁG
HORMONOK
BŐR
KLINIKA
SÉRÜLÉS
ORVOSSÁG
KIKAPCSOLÓDÁS
REFLEX
IZMOK
TERÁPIA
VÍRUS
IDEGEK

14 - Camping

T	K	P	É	K	R	É	T	A	Z	S	Á	D	A	V	M
L	O	A	I	G	Ű	Z	M	U	O	M	R	K	E	K	U
S	T	L	L	É	T	Ö	K	H	G	U	H	A	W	A	K
W	A	A	H	A	Y	O	Ő	Z	I	R	B	B	P	V	E
A	L	K	S	R	N	S	M	D	L	O	H	I	E	B	H
Z	L	H	F	W	Á	D	A	K	R	C	S	N	G	C	Y
M	Á	C	C	J	R	U	P	E	K	E	N	U	J	D	V
F	E	P	S	P	I	Z	U	I	H	E	G	Y	W	G	S
V	T	R	F	S	W	V	C	X	K	K	S	N	D	R	L
U	C	C	U	S	M	T	A	L	C	A	O	K	C	J	Á
F	G	S	W	S	Y	C	K	B	H	P	X	K	B	W	M
J	B	Y	G	Á	Ő	G	G	Ü	F	Y	R	U	L	F	P
G	T	F	V	T	E	Z	S	É	M	R	E	T	T	Á	A
X	Ó	E	A	O	B	G	Ű	D	Y	W	T	Y	G	K	F
T	Y	Z	U	R	D	O	X	T	R	O	V	A	R	A	M
Y	Y	Z	X	O	G	S	S	U	P	W	Y	Y	T	N	E

KALAND
HEGY
FÁK
ERDŐ
TŰZ
KABIN
ÁLLATOK
FÜGGŐÁGY
KALAP
ROVAR

VADÁSZAT
TÉRKÉP
KENU
IRÁNYTŰ
LÁMPA
HOLD
TÓ
TERMÉSZET
SÁTOR
KÖTÉL

15 - Algebra

D	S	L	F	H	X	P	W	A	R	I	Z	L	G	K	A
L	I	N	E	Á	R	I	S	Á	N	O	V	I	K	A	L
Z	M	M	E	G	O	L	D	Á	S	F	A	V	V	S	D
V	A	W	O	V	M	A	R	G	A	I	D	É	U	É	Y
N	H	B	Y	X	F	Á	U	B	V	M	V	G	K	T	V
T	Ö	R	E	D	É	K	T	P	U	S	S	T	F	Í	Á
P	R	O	B	L	É	M	A	R	N	A	N	E	T	S	L
K	G	R	A	F	I	K	O	N	I	L	M	L	B	Ű	T
E	I	Ő	Z	E	Y	N	É	T	S	X	J	E	O	R	O
G	L	T	W	Z	U	F	U	E	F	A	O	N	M	E	Z
Y	L	G	E	Z	S	S	Ö	L	E	J	Ó	R	Á	Z	Ó
E	Y	H	B	V	P	G	I	P	L	N	Z	P	R	S	C
N	F	Z	Y	B	Ő	Y	U	É	F	A	C	F	W	Y	X
L	S	V	S	B	Z	I	Y	K	S	F	K	U	C	G	L
E	Z	J	B	O	S	K	G	É	S	I	Y	N	N	E	M
T	G	F	Y	N	D	R	M	V	H	W	L	N	A	J	S

KIVONÁS
DIAGRAM
KITEVŐ
TÉNYEZŐ
KÉPLET
TÖREDÉK
GRAFIKON
ZÁRÓJEL
MENNYISÉG
LINEÁRIS
MÁTRIX
NULLA
VÉGTELEN
MEGOLDÁS
PROBLÉMA
ÖSSZEG
HAMIS
VÁLTOZÓ
EGYSZERŰSÍTÉS
EGYENLET

16 - Activiteiten

S	M	K	K	D	G	F	X	R	W	O	S	I	Z	K	X
Z	Ű	É	G	I	U	Y	Y	A	D	D	H	I	V	E	T
A	V	Z	M	R	K	K	L	B	U	L	N	H	A	R	E
B	É	M	Ö	Á	T	A	Z	S	Á	D	A	V	R	Á	V
A	S	Ű	R	U	G	X	P	C	R	B	D	D	R	M	É
D	Z	V	Ö	D	R	I	Y	C	L	N	L	C	Á	I	K
I	E	E	M	J	B	Z	A	B	S	I	U	W	S	A	E
D	T	S	Á	S	A	V	L	O	G	O	N	O	V	V	N
Ő	L	S	L	T	T	D	B	V	P	A	L	W	A	A	Y
V	G	É	S	Z	S	É	K	R	R	E	Z	Ó	V	R	S
O	F	G	R	E	J	T	V	É	N	Y	E	K	D	B	É
F	É	N	Y	K	É	P	E	Z	É	S	X	W	M	Á	G
T	Ú	R	Á	Z	Á	S	T	A	Z	S	Á	L	A	H	S
F	O	O	U	H	P	J	Á	F	E	S	T	M	É	N	Y
J	L	K	V	I	N	G	N	I	P	M	E	K	F	P	C
Y	F	J	M	E	J	W	C	R	U	D	E	G	M	S	F

TEVÉKENYSÉG
KÉZMŰVESSÉG
TÁNC
FÉNYKÉPEZÉS
HALÁSZAT
VADÁSZAT
KEMPING
KERÁMIA
MŰVÉSZET
OLVASÁS
MÁGIA
VARRÁS
KIKAPCSOLÓDÁS
ÖRÖM
REJTVÉNYEK
FESTMÉNY
KÉSZSÉG
SZABADIDŐ
TÚRÁZÁS

17 - Diplomatie

V	K	N	Y	E	L	V	E	K	T	N	M	N	Y	Z	E
I	E	O	I	G	A	Z	S	Á	G	O	S	S	Á	G	G
T	W	C	R	F	E	L	B	O	N	T	Á	S	E	J	Y
A	K	T	S	Á	D	L	O	G	E	M	U	G	Y	G	Ü
J	N	V	N	A	G	Y	K	Ö	V	E	T	S	É	G	T
C	I	D	R	S	P	L	L	F	K	K	E	U	D	X	T
D	T	N	O	L	K	J	O	K	O	O	N	I	I	W	M
J	B	Y	P	O	A	I	I	P	R	N	A	R	P	J	Ű
A	A	R	J	S	C	O	C	P	M	F	G	Á	L	F	K
P	O	L	I	T	I	K	A	U	Á	L	Y	T	O	B	Ö
S	Z	E	R	Z	Ő	D	É	S	N	I	K	I	M	F	D
Y	U	H	G	L	X	G	S	N	Y	K	Ö	N	Á	E	É
T	A	N	Á	C	S	A	D	Ó	Z	T	V	A	C	T	S
I	N	T	E	G	R	I	T	Á	S	U	E	M	I	I	N
B	I	Z	T	O	N	S	Á	G	J	S	T	U	A	K	A
K	Ö	Z	Ö	S	S	É	G	S	M	T	T	H	I	A	X

TANÁCSADÓ
NAGYKÖVETSÉG
NAGYKÖVET
POLGÁROK
KONFLIKTUS
DIPLOMÁCIAI
VITA
ETIKA
KÖZÖSSÉG
IGAZSÁGOSSÁG
HUMANITÁRIUS
INTEGRITÁS
MEGOLDÁS
POLITIKA
KORMÁNY
FELBONTÁS
EGYÜTTMŰKÖDÉS
NYELVEK
BIZTONSÁG
SZERZŐDÉS

18 - Astronomie

U	L	S	T	H	U	O	L	T	Á	L	L	A	T	Ö	V
N	G	Z	F	S	X	R	F	K	Á	I	B	Y	U	Z	A
I	P	Y	M	Ű	H	O	L	D	K	V	A	S	S	F	P
V	U	I	L	K	S	W	Z	G	K	O	C	K	X	L	U
E	Z	Z	D	C	L	M	D	H	P	R	Z	S	Z	A	I
R	B	S	W	S	Á	Z	R	Á	G	U	S	M	Ő	U	G
Z	E	Á	Z	I	M	L	O	F	É	S	I	V	O	Y	V
U	Ó	G	Y	L	O	B	E	K	J	R	M	B	G	S	L
M	S	A	Y	L	H	X	T	C	Ö	Z	K	A	H	A	Z
U	M	L	X	A	Y	M	E	S	E	D	Y	S	H	B	G
D	L	L	V	G	L	R	M	S	E	N	F	T	L	S	R
B	Ó	I	C	Á	T	I	V	A	R	G	N	O	C	P	A
F	X	S	Ó	J	A	H	R	Ű	O	A	P	B	L	T	K
Ö	M	C	P	E	N	O	Ü	S	T	Ö	K	Ö	S	T	É
L	P	É	K	G	A	L	L	I	S	C	W	D	I	P	T
D	K	Z	L	F	A	D	I	O	R	E	T	Z	S	A	A

FÖLD
ASZTEROIDA
ŰRHAJÓS
CSILLAGÁSZ
ÁLLATÖV
ÉG
ÜSTÖKÖS
KOZMOSZ
HOLD
METEOR
KÖDFOLT
BOLYGÓ
RAKÉTA
MŰHOLD
CSILLAG
CSILLAGKÉP
SUGÁRZÁS
TÁVCSŐ
UNIVERZUM
GRAVITÁCIÓ

19 - Vakantie #2

K	T	E	J	E	S	H	R	X	J	O	P	D	D	N	L
K	E	T	Z	F	A	C	E	Y	I	D	H	J	B	K	Z
S	S	M	W	D	U	D	J	W	X	E	H	J	K	F	R
B	G	F	P	N	M	S	Á	L	A	R	A	Y	N	B	X
W	X	M	B	I	D	X	R	É	T	Ő	L	Ü	P	E	R
B	U	I	Z	D	N	G	I	V	R	R	P	W	U	S	S
V	Í	Z	U	M	I	G	X	E	S	Á	T	O	R	Z	Z
T	E	N	G	E	R	N	X	L	X	K	M	O	C	Á	A
É	T	T	E	R	E	M	U	T	A	Z	Á	S	S	L	B
I	A	E	A	D	A	R	T	Ú	G	H	G	M	Z	L	A
L	N	G	W	V	B	F	S	É	E	H	V	U	Á	Í	D
F	O	I	R	T	M	U	U	T	R	G	U	F	L	T	I
D	V	Z	H	E	G	Y	E	K	R	K	T	T	L	Á	D
Y	A	S	E	P	I	I	L	E	G	A	É	T	O	S	Ő
F	O	G	L	A	L	Á	S	O	K	B	N	P	D	N	K
O	W	D	H	K	Ü	L	F	Ö	L	D	I	D	A	E	K

HEGYEK
KÜLFÖLDI
SZIGET
SZÁLLODA
TÉRKÉP
KEMPING
REPÜLŐTÉR
ÚTLEVÉL
UTAZÁS
FOGLALÁSOK

ÉTTEREM
STRAND
TAXI
SÁTOR
VONAT
NYARALÁS
SZÁLLÍTÁS
VÍZUM
SZABADIDŐ
TENGER

20 - Weersomstandigheden

S	P	T	N	H	J	G	K	Ó	A	C	U	I	M	K	R
Z	B	O	E	C	Ő	P	G	D	O	H	F	U	H	Ö	C
I	R	H	D	L	F	M	M	Á	L	L	I	V	N	D	J
V	O	A	V	D	H	Y	É	N	C	T	Z	Z	U	Y	T
Á	T	R	E	N	Á	K	I	R	R	U	H	S	Z	Z	R
R	J	C	S	W	D	S	E	O	S	M	V	C	F	B	Ó
V	É	D	Z	V	H	S	G	T	U	É	N	X	Z	F	P
Á	H	G	J	M	O	N	S	Z	U	N	K	N	Z	B	U
N	D	F	P	É	B	R	M	Í	V	E	P	L	É	Z	S
Y	U	U	E	U	G	I	I	V	I	J	O	N	E	J	I
A	S	Z	Á	L	Y	T	P	R	H	O	L	Y	W	T	I
É	G	H	A	J	L	A	T	Á	A	S	Á	W	O	Z	V
H	W	F	L	É	G	K	Ö	R	R	W	R	B	Y	R	G
M	E	N	N	Y	D	Ö	R	G	É	S	I	R	J	D	I
F	E	L	H	Ő	A	O	L	Y	C	P	S	U	R	R	O
F	F	S	I	G	B	M	H	I	V	U	Y	R	U	E	V

LÉGKÖR
VILLÁM
MENNYDÖRGÉS
ASZÁLY
ÉG
JÉG
ÉGHAJLAT
KÖD
MONSZUN
HURRIKÁN
ÁRVÍZ
POLÁRIS
SZIVÁRVÁNY
VIHAR
HŐMÉRSÉKLET
TORNÁDÓ
TRÓPUSI
NEDVES
SZÉL
FELHŐ

21 - Strand

C	U	K	A	G	Y	L	Ó	V	Z	M	H	B	P	W	F
V	D	O	G	C	U	M	J	N	I	Á	K	K	A	U	Y
I	S	M	W	S	C	I	A	L	D	T	T	A	R	E	N
D	X	O	N	A	P	W	H	A	Z	U	O	O	T	M	N
D	N	H	A	U	M	T	M	G	N	O	K	R	N	I	J
E	S	E	R	N	Y	Ő	D	Ú	M	F	T	V	L	Y	I
T	F	Y	A	G	G	Z	O	N	X	B	E	M	Á	Á	U
Ú	S	Z	N	I	L	Ö	K	A	M	B	N	M	D	E	S
K	É	K	T	T	T	K	K	M	W	I	G	G	N	E	Á
S	L	V	F	S	P	L	D	J	M	J	E	A	A	X	L
L	J	T	B	F	R	Ü	R	Y	L	Z	R	I	Z	M	A
Ó	C	E	Á	N	T	R	M	Á	P	V	P	L	S	M	R
A	K	G	T	J	D	Ö	X	F	K	Y	R	J	R	Z	A
Y	M	I	L	G	P	T	P	G	Y	K	F	O	O	O	Y
L	U	Z	H	O	R	K	W	K	M	B	Z	A	Y	U	N
O	X	S	L	T	Z	Y	T	Y	T	P	E	T	O	V	R

KÉK
HAJÓ
DOKK
SZIGET
TÖRÜLKÖZŐ
RÁK
PART
LAGÚNA
ÓCEÁN
ESERNYŐ
ZÁTONY
SZANDÁL
KAGYLÓ
NYARALÁS
HOMOK
TENGER
VITORLÁS
NAP
ÚSZNI

22 - Eten #2

H	K	T	B	G	T	N	V	E	B	V	C	C	P	X	I
U	H	O	R	K	E	N	Y	É	R	J	T	J	A	S	S
W	W	J	O	F	K	A	P	K	I	U	A	R	R	N	F
E	Z	Á	K	F	R	D	B	A	N	Á	N	K	A	L	Y
G	L	S	K	K	I	V	E	Z	A	I	Á	H	D	A	V
F	F	H	O	W	S	V	E	Ú	U	R	S	S	I	L	Y
T	F	K	L	L	C	H	I	B	F	W	Z	T	C	E	H
J	K	G	I	S	P	T	I	K	C	F	I	U	S	B	A
Ő	S	Z	I	B	A	R	A	C	K	T	L	X	O	M	L
L	A	R	A	X	K	U	G	D	L	C	D	C	M	A	U
Ő	T	N	I	H	N	H	R	I	A	R	A	I	N	N	I
Z	Z	R	A	Z	O	G	Á	R	N	Z	P	I	C	D	B
S	W	Z	C	N	S	O	P	Y	Z	R	E	C	R	U	L
G	A	X	M	W	Á	J	S	E	G	E	W	A	M	L	A
I	G	H	B	F	N	S	T	E	I	I	L	R	Z	A	X
K	D	V	W	M	M	C	Z	C	B	E	B	V	J	A	N

MANDULA
ANANÁSZ
ALMA
SPÁRGA
PADLIZSÁN
BANÁN
BROKKOLI
KENYÉR
SZŐLŐ
TOJÁS
SONKA
SAJT
CSIRKE
KIVI
ŐSZIBARACK
RIZS
BÚZA
PARADICSOM
HAL
JOGHURT

23 - Restaurant #1

A	D	F	H	L	L	Z	B	N	C	J	R	R	X	S	F
L	E	Ű	T	Ú	L	C	K	A	S	A	Y	X	P	E	O
L	S	S	K	W	S	N	T	S	I	B	T	E	P	D	G
E	S	Z	Y	I	J	I	A	I	R	I	T	W	P	Y	L
R	Z	E	W	M	M	E	N	Ü	K	P	N	K	L	R	A
G	E	R	E	Z	S	I	M	L	E	L	É	Z	Z	N	L
I	R	E	U	P	É	N	Z	T	Á	R	O	S	É	K	Á
A	T	S	Y	M	D	O	J	A	Z	T	C	Ó	P	J	S
E	N	N	I	I	E	K	Ő	V	E	T	E	Z	S	S	Ö
K	E	N	Y	É	R	N	N	E	R	H	X	S	K	Z	L
K	O	N	Y	H	A	V	R	V	N	É	V	Á	K	A	X
T	F	N	L	D	B	V	É	K	Z	A	Y	N	F	L	T
V	X	L	B	U	U	R	C	H	J	D	X	N	K	V	M
C	Y	A	B	R	V	J	N	S	M	X	C	T	Á	É	J
J	R	Y	K	U	F	G	I	E	Z	W	A	B	N	T	Y
J	M	G	E	S	A	R	P	S	U	L	J	E	V	A	K

ALLERGIA
TÁNYÉR
KENYÉR
ENNI
ÖSSZETEVŐK
PÉNZTÁROS
KONYHA
CSIRKE
KÁVÉ
TÁL

MENÜ
KÉS
FŰSZERES
FOGLALÁS
SZÓSZ
PINCÉRNŐ
SZALVÉTA
DESSZERT
HÚS
ÉLELMISZER

24 - Geologie

W	G	J	Z	L	I	S	Ő	N	B	J	M	J	R	I	F
U	N	E	T	W	D	É	K	K	G	P	L	H	N	P	O
K	A	O	J	E	E	G	Í	O	P	N	H	Y	W	R	S
H	L	I	E	Z	T	N	S	N	X	P	T	Z	X	V	S
Y	R	D	N	K	Í	E	N	T	K	G	E	T	É	R	Z
C	A	L	Á	V	A	R	N	I	O	A	I	S	K	B	I
V	B	Z	Ó	N	A	D	E	N	Y	F	L	L	C	P	L
F	Z	U	C	C	B	L	F	E	L	V	L	C	Ó	S	I
O	L	V	A	D	T	Ö	H	N	Á	U	A	R	I	M	S
W	Y	A	A	M	S	F	F	S	T	L	R	A	Z	U	T
B	T	S	T	O	O	I	Z	I	S	K	O	V	Ó	P	M
N	W	K	H	U	M	A	M	M	I	Á	K	K	R	E	D
F	N	I	P	Y	X	C	V	W	R	N	S	F	E	U	O
I	M	B	E	V	U	W	G	K	K	A	I	H	J	W	R
L	J	N	W	N	V	K	L	H	L	Z	B	B	R	I	V
M	E	P	Y	C	Z	I	Y	R	E	R	O	L	W	D	A

FÖLDRENGÉS
KALCIUM
KONTINENS
ERÓZIÓ
FOSSZILIS
GEJZÍR
OLVADT
BARLANG
KORALL
KRISTÁLYOK
KVARC
RÉTEG
LÁVA
FENNSÍK
CSEPPKŐ
KŐ
VULKÁN
ZÓNA
SÓ
SAV

25 - Specerijen

D	Y	J	G	D	N	H	T	C	K	P	F	S	Y	M	S
K	E	G	E	U	J	B	B	A	H	E	F	Z	T	N	Z
P	Z	Í	Z	G	O	H	S	M	X	M	S	F	P	G	E
A	L	W	S	J	Y	N	Á	R	F	Á	S	E	Y	D	R
P	L	F	Ű	K	É	Ö	U	U	N	G	Z	N	R	L	E
R	M	O	F	F	P	D	M	W	R	S	I	R	R	Ű	C
I	O	N	G	A	M	K	E	B	D	W	N	V	U	S	S
K	M	W	E	H	V	A	A	S	É	M	Á	U	C	A	E
A	A	O	Z	É	D	M	L	U	K	R	W	T	N	L	N
É	D	E	S	J	R	Y	N	É	M	Ö	K	W	L	F	D
U	R	P	E	U	U	G	P	R	V	P	M	Y	X	A	I
Y	A	O	L	P	V	A	N	Í	L	I	A	É	U	T	Ó
I	K	C	G	B	R	H	U	E	R	W	R	E	N	B	S
J	G	Ö	R	Ö	G	S	Z	É	N	A	P	A	U	Y	V
O	Y	F	O	K	H	A	G	Y	M	A	E	Y	K	F	D
K	O	R	I	A	N	D	E	R	V	A	B	K	J	Y	M

ÁNIZS
KESERŰ
GÖRÖGSZÉNA
GYÖMBÉR
FAHÉJ
KARDAMOM
CURRY
FOKHAGYMA
KÖMÉNY
KORIANDER
SZEGFŰSZEG
SZERECSENDIÓ
PAPRIKA
SÁFRÁNY
ÍZ
HAGYMA
VANÍLIA
ÉDESKÖMÉNY
ÉDES
SÓ

26 - Groenten

F	O	K	H	A	G	Y	M	A	W	E	S	P	I	S	X
L	T	J	M	F	R	T	F	U	H	M	P	A	T	L	T
S	N	G	I	N	R	E	H	C	T	O	E	R	Ö	A	D
Á	Á	Z	W	O	P	E	T	E	H	L	N	A	K	M	D
R	S	Z	A	I	W	Y	M	E	O	A	Ó	D	T	Y	D
G	Z	E	L	L	E	R	E	A	K	J	T	I	J	G	P
A	I	G	E	X	C	P	Y	G	C	B	A	C	F	A	A
R	L	O	O	P	T	C	L	Y	P	O	R	S	I	H	K
É	D	R	B	M	I	L	E	Ö	G	G	G	O	G	Ó	Ó
P	A	D	O	U	B	P	S	M	E	Y	M	M	K	R	S
A	P	X	R	J	B	A	Z	B	D	Ó	C	P	P	O	C
X	U	N	S	X	B	O	E	É	X	H	K	F	N	Y	I
M	S	O	Ó	A	P	É	R	R	É	H	E	F	W	G	T
V	X	Z	D	M	P	A	T	K	Y	I	H	J	U	O	R
S	S	L	B	V	N	T	E	L	A	H	A	G	Y	M	A
S	A	L	Á	T	A	H	P	B	R	O	K	K	O	L	I

ARTICSÓKA
PADLIZSÁN
BROKKOLI
BORSÓ
GYÖMBÉR
FOKHAGYMA
UBORKA
OLAJBOGYÓ
GOMBA
PETREZSELYEM

TÖK
FEHÉRRÉPA
RETEK
SALÁTA
ZELLER
MOGYORÓHAGYMA
SPENÓT
PARADICSOM
HAGYMA
SÁRGARÉPA

27 - Archeologie

J	K	A	H	U	V	L	T	P	I	S	B	I	M	C	K
T	A	P	A	S	C	Ő	T	R	É	K	A	Z	S	I	I
I	Z	P	H	Z	D	Y	F	O	I	T	P	A	Y	V	C
T	S	É	Z	M	E	L	E	F	K	I	D	C	L	I	Z
T	R	M	O	B	S	É	L	E	K	É	T	R	É	L	G
E	O	V	E	N	U	P	U	S	C	O	T	F	T	I	W
T	K	N	F	R	U	E	Z	S	X	C	O	W	J	Z	O
J	F	C	Y	X	E	V	S	Z	X	S	Z	L	E	Á	B
E	V	O	V	M	X	T	S	O	S	O	A	F	R	C	J
L	R	Í	S	J	V	H	L	R	E	N	M	M	E	I	E
E	S	E	R	S	Y	L	Y	E	R	T	R	O	K	Ó	K
F	W	I	K	B	Z	Z	H	A	N	O	Á	L	H	A	T
L	B	W	G	L	D	I	O	T	N	K	Z	P	A	B	U
E	G	Z	H	A	Y	H	L	K	R	O	S	M	G	W	M
K	U	T	A	T	Ó	E	A	I	L	A	E	E	M	C	O
T	Ö	R	E	D	É	K	E	K	S	O	L	T	H	G	K

ELEMZÉS
CIVILIZÁCIÓ
CSONTOK
SZAKÉRTŐ
ÉRTÉKELÉS
FOSSZILIS
TÖREDÉKEK
SÍR
REJTÉLY
LESZÁRMAZOTT
OBJEKTUMOK
ISMERETLEN
KUTATÓ
ÓKOR
PROFESSZOR
EREKLYE
CSAPAT
TEMPLOM
KORSZAK
ELFELEJTETT

28 - Ziekte

B	E	I	J	B	J	R	T	H	S	Y	G	Y	Y	Ö	F
T	G	Y	A	A	L	H	E	G	N	E	Y	G	A	R	D
X	É	I	G	K	O	T	N	O	S	C	Ó	V	X	Ö	U
I	S	X	C	T	I	V	B	G	F	E	G	Z	A	K	G
P	Z	G	T	E	M	T	R	F	E	J	Y	J	H	L	U
T	S	S	U	R	S	U	E	P	B	F	U	B	X	E	T
F	É	Z	B	I	S	A	H	N	S	A	L	R	Z	T	R
A	G	I	F	Á	X	M	K	M	E	A	Á	A	U	E	G
L	M	N	E	L	A	R	R	C	S	G	S	P	K	S	S
L	S	D	R	I	G	Y	U	L	L	A	D	Á	S	U	A
E	X	R	T	S	I	M	M	U	N	I	T	Á	S	L	T
R	B	Ó	Ő	É	S	U	K	I	N	Ó	R	K	U	U	E
G	T	M	Z	Z	Z	N	T	E	R	Á	P	I	A	J	C
I	E	A	Ő	G	Í	N	E	U	R	O	P	Á	T	I	A
A	S	S	A	É	V	R	D	F	W	M	C	O	P	R	C
Z	T	W	W	L	C	U	P	I	S	L	H	H	Z	O	C

AKUT
LÉGZÉS
ALLERGIA
BAKTERIÁLIS
FERTŐZŐ
CSONTOK
HASI
KRÓNIKUS
ÖRÖKLETES
GENETIKAI
GYÓGYULÁS
EGÉSZSÉG
SZÍV
IMMUNITÁS
TEST
NEUROPÁTIA
GYULLADÁS
SZINDRÓMA
TERÁPIA
GYENGE

29 - Mythologie

M	M	Z	Z	H	J	N	K	G	W	B	S	G	X	N	R
E	J	Á	T	F	D	F	Z	U	A	L	P	B	M	B	Z
N	C	Y	G	D	S	N	O	L	L	U	U	M	L	U	X
N	U	I	L	I	F	S	U	P	Í	T	E	H	C	R	A
Y	P	I	O	V	K	S	U	Y	X	B	Ú	M	M	B	N
I	N	J	G	F	I	U	H	Ő	S	H	O	R	D	O	T
A	D	N	E	G	E	L	S	O	C	R	A	H	A	S	T
V	S	Z	Ö	R	N	Y	L	N	A	Z	E	R	Ő	S	B
H	A	L	A	N	D	Ó	J	Á	Y	F	X	L	V	Z	Ő
W	Z	I	X	V	S	S	É	T	M	E	R	E	T	Ú	N
L	T	B	R	F	M	E	N	N	Y	D	Ö	R	G	É	S
I	T	E	R	E	M	T	M	É	N	Y	A	A	O	H	Ő
K	A	T	A	S	Z	T	R	Ó	F	A	M	E	G	N	H
V	I	S	E	L	K	E	D	É	S	H	H	B	S	Y	Y
F	É	L	T	É	K	E	N	Y	S	É	G	O	V	Z	O
X	I	J	L	A	B	I	R	I	N	T	U	S	V	R	H

ARCHETÍPUS
VILLÁM
TEREMTÉS
KULTÚRA
MENNYDÖRGÉS
LABIRINTUS
VISELKEDÉS
HŐS
HŐSNŐ
MENNY
FÉLTÉKENYSÉG
ERŐ
HARCOS
LEGENDA
MÁGIKUS
SZÖRNY
KATASZTRÓFA
HALANDÓ
TEREMTMÉNY
BOSSZÚ

30 - Eten #1

C	S	Ú	H	A	L	Y	Z	S	Á	R	P	A	M	L	D
U	A	P	É	R	A	G	R	Á	S	K	G	M	C	A	B
F	X	M	E	B	G	C	O	R	M	Ö	Y	E	A	E	A
Ö	F	F	W	N	J	J	K	G	Z	R	Ü	T	D	H	Z
L	T	D	H	D	Ó	D	U	A	U	T	M	N	E	I	S
D	W	U	C	Z	L	T	C	B	W	E	Ö	K	C	J	A
I	H	A	G	Y	M	A	V	A	F	Y	L	S	Ó	I	L
M	L	P	I	O	U	M	O	R	T	I	C	G	O	L	I
O	J	A	F	B	F	N	U	A	C	X	S	J	N	R	K
G	E	H	U	H	R	A	X	C	P	U	L	J	P	C	O
Y	P	B	G	M	F	L	X	K	L	P	É	U	F	R	M
O	E	N	Z	O	R	A	M	Y	G	A	H	K	O	F	T
R	R	D	L	A	E	H	H	C	H	S	A	L	Á	T	A
Ó	P	L	D	B	O	N	O	É	L	E	V	E	S	X	Y
X	X	B	X	G	X	O	T	A	J	A	Y	S	Y	E	F
O	S	V	K	N	R	T	O	S	U	B	K	D	N	N	A

EPER
SÁRGABARACK
BAZSALIKOM
CITROM
ÁRPA
FAHÉJ
FOKHAGYMA
TEJ
KÖRTE
FÖLDIMOGYORÓ
SALÁTA
GYÜMÖLCSLÉ
LEVES
SPENÓT
CUKOR
TONHAL
HAGYMA
HÚS
SÁRGARÉPA
SÓ

31 - Avontuur

S	Z	O	K	A	T	L	A	N	J	K	P	U	G	M	S
K	A	E	L	F	W	B	B	H	K	I	Z	T	F	U	Á
U	T	A	Z	Á	S	O	K	H	U	H	I	V	F	A	L
H	L	S	Ő	P	E	L	G	E	M	Í	W	A	N	F	U
B	K	G	L	O	Y	S	B	W	K	V	B	L	I	E	D
X	E	Z	X	M	L	Z	Ó	I	C	Á	G	I	V	A	N
B	N	T	X	U	É	É	A	K	C	S	G	G	T	D	Á
J	I	E	A	S	Z	P	E	K	L	O	V	W	J	G	R
R	B	Z	N	F	S	S	D	D	S	K	T	T	U	R	I
V	J	S	T	X	E	É	N	E	H	É	Z	S	É	G	K
D	C	É	S	O	V	G	Ú	T	V	O	N	A	L	M	J
C	W	M	P	J	N	S	É	D	E	S	E	K	L	E	L
Ú	T	R	G	H	C	S	B	A	R	Á	T	O	K	S	Ö
H	J	E	S	P	B	G	Á	S	R	O	T	Á	B	É	R
E	F	T	H	F	P	O	E	G	O	M	M	G	S	L	Ö
E	L	Ő	K	É	S	Z	Í	T	É	S	V	M	H	Y	M

LELKESEDÉS
KIRÁNDULÁS
VESZÉLYES
ESÉLY
BÁTORSÁG
NEHÉZSÉG
TERMÉSZET
NAVIGÁCIÓ
ÚJ
SZOKATLAN
ÚTVONAL
UTAZÁSOK
SZÉPSÉG
KIHÍVÁSOK
BIZTONSÁG
MEGLEPŐ
ELŐKÉSZÍTÉS
ÖRÖM
BARÁTOK

32 - Restaurant #2

G	K	T	Z	Í	V	V	C	R	D	B	J	F	J	P	M
P	I	C	J	L	E	A	L	L	I	V	X	Ű	M	U	I
F	I	N	O	M	A	T	C	S	P	X	Ó	S	A	V	R
T	O	S	A	G	D	R	X	S	O	F	E	Z	Z	R	U
L	A	T	I	É	P	O	R	K	O	P	X	E	P	S	P
P	E	S	Á	J	O	T	T	I	O	R	R	R	M	B	U
I	G	V	A	E	B	É	D	H	D	O	A	E	H	X	J
N	Y	P	E	L	L	W	V	H	A	L	F	K	É	Z	S
C	Ü	C	R	S	Á	F	B	H	A	T	É	S	Z	T	A
É	M	R	I	A	X	T	Z	Ö	L	D	S	É	G	E	K
R	Ö	P	F	R	Z	S	A	O	I	C	W	B	K	W	K
E	L	V	V	M	X	A	Y	T	D	N	G	E	D	D	A
Z	C	N	B	Y	T	X	G	W	Y	U	S	E	J	X	N
X	S	V	W	G	J	H	I	O	O	G	C	W	Y	A	Á
K	Y	C	I	O	A	Y	Y	D	O	D	Y	L	E	U	L
N	E	F	B	S	E	J	N	W	P	N	M	D	R	Z	L

TORTA
VACSORA
ITAL
TOJÁS
GYÜMÖLCS
ZÖLDSÉGEK
FINOM
JÉG
KANÁL
EBÉD
TÉSZTA
PINCÉR
SALÁTA
LEVES
FŰSZEREK
SZÉK
HAL
VILLA
VÍZ
SÓ

33 - De Media

X	O	Ú	V	Z	Z	X	E	X	H	B	F	V	K	K	H
X	R	J	D	U	R	I	G	A	A	C	I	É	I	E	Á
E	D	S	O	N	Á	V	L	I	Y	N	N	L	A	R	L
G	O	Á	O	O	Z	K	W	K	K	F	A	E	D	E	Ó
Y	W	G	Z	N	K	W	P	E	J	R	N	M	Á	S	Z
É	M	O	R	V	L	T	P	S	O	N	S	É	S	K	A
N	T	K	A	Á	W	I	A	É	F	G	Z	N	H	E	T
I	G	Ó	P	L	D	I	N	T	G	C	Í	Y	E	D	M
R	S	I	I	B	V	I	D	E	Á	C	R	B	L	E	A
Y	N	Z	Y	W	Z	I	Ó	D	E	S	O	E	Y	L	G
I	H	Í	R	Y	T	I	D	R	V	L	Z	V	I	M	A
R	A	V	O	A	R	F	O	I	L	C	Á	P	J	I	Z
J	K	E	Y	N	É	T	F	H	H	K	S	H	V	X	I
K	O	L	D	I	G	I	T	Á	L	I	S	L	H	U	N
S	Z	E	L	L	E	M	I	D	U	J	Y	N	G	K	O
J	K	T	K	O	M	M	U	N	I	K	Á	C	I	Ó	K

HIRDETÉSEK
KERESKEDELMI
KOMMUNIKÁCIÓ
DIGITÁLIS
KIADÁS
TÉNYEK
FINANSZÍROZÁS
EGYÉNI
IPAR
SZELLEMI
ÚJSÁGOK
HELYI
VÉLEMÉNY
HÁLÓZAT
OKTATÁS
ONLINE
NYILVÁNOS
RÁDIÓ
TELEVÍZIÓ
MAGAZINOK

34 - Bijen

E	F	A	M	É	T	Z	S	I	Z	S	O	K	Ö	V	P
É	J	L	R	N	E	U	Ó	Z	R	O	P	E	B	I	L
L	F	S	X	B	O	E	M	G	Á	R	I	V	E	R	T
Ő	L	M	N	P	X	U	A	I	A	R	G	Z	D	Á	U
H	N	K	Z	I	N	N	C	J	M	G	N	I	V	G	P
E	E	G	É	S	E	L	É	F	K	O	S	Y	J	O	L
L	L	Y	V	D	L	Z	T	L	D	O	C	I	A	K	É
Y	Ő	Ü	H	U	L	R	I	D	N	E	L	D	R	K	L
P	N	M	K	F	O	W	V	D	G	G	M	É	Z	U	E
D	Y	Ö	M	I	P	L	M	U	E	T	G	B	S	O	L
F	Ö	L	R	T	R	E	K	H	D	T	G	O	A	Z	M
H	S	C	W	O	Á	Á	B	Z	N	S	L	H	I	O	I
A	L	S	T	W	T	S	L	O	A	D	T	P	V	U	S
V	J	B	R	V	P	W	I	Y	P	R	O	V	A	R	Z
Y	N	K	H	B	A	J	M	S	N	L	F	Ü	S	T	E
M	K	X	D	I	K	J	S	M	A	Ő	L	D	O	C	R

BEPORZÓ
KAPTÁR
VIRÁGOK
VIRÁG
SOKFÉLESÉG
ÖKOSZISZTÉMA
GYÜMÖLCS
ÉLŐHELY
MÉZ
ROVAR
KIRÁLYNŐ
FÜST
POLLEN
KERT
SZÁRNYAK
ÉLELMISZER
ELŐNYÖS
VIASZ
NAP
RAJ

35 - Wandelen

A	T	E	R	M	É	S	Z	E	T	J	B	Z	I	F	O
U	M	S	É	T	Í	Z	S	É	K	Ő	L	E	D	Á	R
K	Z	Z	Í	V	C	H	T	D	O	S	Y	J	Ő	R	I
T	T	Ú	I	U	E	U	W	M	K	H	H	M	J	A	E
P	A	N	C	S	Y	S	T	É	R	K	É	P	Á	D	N
I	L	Y	F	E	C	L	Z	H	A	F	J	I	R	T	T
N	J	O	Z	L	M	N	K	I	P	C	W	V	Á	H	Á
W	A	G	H	P	Z	N	J	M	K	T	F	N	S	T	C
F	H	O	C	M	S	G	R	S	R	L	D	U	N	W	I
N	G	K	E	Y	L	É	Z	S	E	V	A	E	E	B	Ó
E	É	N	E	P	C	U	O	P	M	A	V	W	H	P	W
F	U	L	P	V	M	H	W	A	I	G	W	Y	É	G	V
F	L	G	Z	Y	Ö	K	E	M	P	I	N	G	Z	H	D
Á	L	L	A	T	O	K	Z	Z	R	T	G	E	D	V	V
D	J	P	C	W	G	R	C	H	V	C	P	H	N	C	I
D	Y	V	A	T	E	V	B	G	M	H	I	G	I	H	E

HEGY
ÁLLATOK
VESZÉLYEK
TÉRKÉP
KEMPING
SZIKLA
ÉGHAJLAT
CSIZMA
FÁRADT
SZÚNYOGOK

TERMÉSZET
ORIENTÁCIÓ
PARKOK
KÖVEK
ELŐKÉSZÍTÉS
VÍZ
IDŐJÁRÁS
VAD
NAP
NEHÉZ

36 - Ecologie

S	O	K	F	É	L	E	S	É	G	C	C	R	Z	O	G
K	P	E	E	K	Ö	Z	Ö	S	S	É	G	E	K	A	L
N	P	J	X	Y	R	W	A	T	E	A	F	F	O	A	O
M	W	D	J	F	G	T	E	R	M	É	S	Z	E	T	B
T	P	J	P	I	R	E	G	N	E	T	D	G	R	J	Á
X	P	I	I	X	W	J	H	G	D	I	B	N	N	A	L
N	Ö	V	É	N	Y	V	I	L	Á	G	Y	J	Ö	F	I
F	E	N	N	T	A	R	T	H	A	T	Ó	D	V	É	S
T	Ú	L	É	L	É	S	F	N	F	X	R	Y	É	L	B
S	A	D	E	G	É	G	H	A	J	L	A	T	N	Ő	M
L	D	D	H	I	R	Z	C	A	A	V	N	H	Y	H	K
N	Ö	V	É	N	Y	E	K	S	F	Z	U	N	Z	E	Z
X	X	K	H	A	K	S	A	Z	Z	Z	A	B	E	L	B
S	V	K	U	L	F	L	M	Á	H	T	F	H	T	Y	N
O	O	N	Y	D	Z	J	I	L	G	L	U	M	M	N	C
K	V	K	S	S	D	C	Y	Y	M	O	C	S	Á	R	I

HEGYEK
SOKFÉLESÉG
ASZÁLY
FENNTARTHATÓ
FAUNA
NÖVÉNYVILÁG
KÖZÖSSÉGEK
GLOBÁLIS
ÉLŐHELY
ÉGHAJLAT
TENGERI
MOCSÁR
TERMÉSZET
TÚLÉLÉS
NÖVÉNYEK
FAJ
FAJTA
NÖVÉNYZET

37 - Biologie

M	B	A	N	I	R	I	U	X	A	J	F	E	Ó	S	T
W	U	H	O	R	M	O	N	O	N	D	O	X	I	Z	E
T	K	T	J	E	S	V	O	W	A	M	T	L	R	I	R
H	K	S	Á	F	N	C	R	R	T	S	O	A	B	N	M
V	S	A	Z	C	J	H	U	A	Ó	U	S	G	M	A	É
H	Ü	L	L	Ő	I	X	E	P	M	I	Z	N	E	P	S
E	M	L	Ő	S	D	Ó	N	S	I	N	I	E	D	S	Z
N	Y	I	F	C	G	D	S	I	A	É	N	E	V	Z	E
P	C	D	J	Y	G	Y	U	Z	X	G	T	V	H	I	T
F	K	R	O	M	O	S	Z	Ó	M	A	É	O	I	S	E
H	E	D	A	N	V	É	G	I	A	L	Z	L	S	I	S
D	T	H	W	U	Z	Z	M	B	V	L	I	Ú	H	Z	D
J	F	W	É	O	B	G	K	M	V	O	S	C	W	Ó	U
X	G	C	V	R	E	É	I	I	K	K	L	I	N	M	I
I	D	E	G	O	J	L	Y	Z	O	G	D	Ó	Z	Z	A
V	I	L	Y	M	K	E	J	S	R	N	E	L	J	O	D

LÉGZÉS
ANATÓMIA
SEJT
KROMOSZÓMA
KOLLAGÉN
FEHÉRJE
EMBRIÓ
ENZIM
EVOLÚCIÓ
FOTOSZINTÉZIS
HORMON
MUTÁCIÓ
TERMÉSZETES
NEURON
OZMÓZIS
HÜLLŐ
SZIMBIÓZIS
SZINAPSZIS
IDEG
EMLŐS

38 - Landen #1

L	W	R	P	U	U	S	B	O	N	M	R	S	J	S	K
E	V	U	O	R	Z	I	T	R	H	C	W	Y	P	U	A
N	R	Z	L	M	P	A	U	G	A	R	A	C	I	N	M
G	K	N	N	G	Á	Z	S	R	O	Z	S	A	L	O	B
Y	H	I	W	X	B	N	V	D	G	F	Í	S	U	W	O
E	G	V	Y	H	A	B	I	T	K	I	B	L	G	C	D
L	Á	Á	X	O	T	T	I	A	J	V	D	Y	I	S	Z
O	Z	V	Z	E	B	V	W	D	L	I	H	J	O	A	S
R	S	G	V	S	Y	G	L	A	P	A	N	A	M	A	A
S	R	F	E	B	R	M	W	N	D	M	M	B	E	N	B
Z	O	V	Ó	K	K	O	R	A	M	U	I	G	L	E	B
Á	T	L	Í	B	I	A	T	K	A	R	I	P	H	D	A
G	T	L	O	T	K	D	P	E	L	I	H	C	F	P	J
B	E	V	C	G	B	A	J	M	M	C	L	G	I	Y	A
O	L	E	A	R	Z	I	A	I	G	É	V	R	O	N	O
E	G	Y	I	P	T	O	M	S	Z	E	N	E	G	Á	L

BELGIUM
BRAZÍLIA
KAMBODZSA
KANADA
CHILE
NÉMETORSZÁG
EGYIPTOM
IRAK
IZRAEL
OLASZORSZÁG
LETTORSZÁG
LÍBIA
MAROKKÓ
NICARAGUA
NORVÉGIA
PANAMA
LENGYELORSZÁG
ROMÁNIA
SZENEGÁL

39 - Installaties

B	F	B	T	B	M	I	K	M	L	T	S	O	N	S	T
A	O	B	A	F	A	N	A	Ő	D	R	E	H	Ö	P	K
X	P	R	Z	K	A	B	K	L	A	Á	L	É	V	E	L
Y	A	É	O	Z	R	Y	T	Y	O	G	P	Y	É	N	D
M	B	K	B	S	R	Y	U	N	Z	Y	T	U	N	Ö	P
B	X	Ö	M	U	T	B	S	É	M	A	D	W	Y	V	D
F	Ű	Y	O	B	D	Y	Z	V	O	D	G	B	V	É	M
D	K	G	L	M	R	X	Á	Ö	H	E	P	M	I	N	C
F	W	K	U	A	A	K	I	N	A	T	O	B	L	Y	F
A	R	L	J	B	M	X	E	Y	P	V	S	C	Á	Z	C
Y	J	F	Z	R	J	L	U	G	X	E	I	R	G	E	L
U	F	I	K	E	R	T	F	Ó	N	I	T	R	P	T	J
T	X	G	Z	V	V	R	Ó	Y	G	O	B	P	Á	O	W
Z	Z	F	O	P	A	B	V	G	K	G	Y	W	B	G	E
B	D	F	U	V	U	X	Y	N	B	O	K	O	R	U	N
O	C	T	P	H	Y	Z	N	V	U	V	T	K	E	M	P

BAMBUSZ
BOGYÓ
LEVÉL
VIRÁG
FA
BAB
ERDŐ
KAKTUSZ
NÖVÉNYVILÁG
LOMBOZAT
FŰ
BOROSTYÁN
GYÓGYNÖVÉNY
TRÁGYA
MOHA
BOTANIKA
BOKOR
KERT
NÖVÉNYZET
GYÖKÉR

40 - Agronomie

K	Ö	K	O	L	Ó	G	I	A	J	G	S	I	L	A	Y
E	Ö	G	I	U	F	M	D	A	Ó	I	Z	Ó	R	E	F
G	A	R	H	C	H	E	A	A	N	I	E	M	A	F	A
É	Y	V	N	N	S	A	K	G	S	Y	N	E	Z	E	U
S	C	V	C	Y	K	J	K	V	O	V	N	Z	O	N	Z
D	C	O	L	J	E	D	V	J	T	K	Y	Ő	N	N	J
L	F	A	U	I	B	Z	I	Í	X	T	E	G	O	T	E
Ö	N	V	M	R	S	J	E	K	Z	R	Z	A	S	A	N
Z	K	U	T	A	T	Á	S	T	K	Á	É	Z	Í	R	E
N	Ö	V	E	K	E	D	É	S	J	G	S	D	T	T	R
T	U	D	O	M	Á	N	Y	X	Y	Y	I	A	Á	H	G
G	S	Z	E	R	V	E	S	P	X	A	R	S	S	A	I
R	E	N	D	S	Z	E	R	E	K	A	W	Á	X	T	A
B	E	T	E	G	S	É	G	E	K	H	J	G	B	Ó	A
T	E	R	M	E	L	É	S	V	I	D	É	K	I	M	R
S	B	G	D	G	R	O	L	H	X	C	D	L	F	F	I

FENNTARTHATÓ
ÖKOLÓGIA
ENERGIA
ERÓZIÓ
NÖVEKEDÉS
ZÖLDSÉGEK
AZONOSÍTÁS
MEZŐGAZDASÁG
VIDÉKI
TRÁGYA

KÖRNYEZET
KUTATÁS
SZERVES
TERMELÉS
RENDSZEREK
SZENNYEZÉS
VÍZ
TUDOMÁNY
MAGOK
BETEGSÉGEK

41 - Oceaan

L	L	F	N	W	L	H	S	Ő	N	K	E	T	K	L	M
A	N	G	O	L	N	A	Z	A	L	G	A	P	Á	C	B
L	X	P	B	X	P	P	I	N	V	G	Z	O	R	N	Y
E	D	T	B	L	N	K	V	L	R	N	Ú	G	A	P	J
J	B	I	W	Y	Y	N	A	Á	G	K	D	J	L	G	W
L	U	I	U	P	N	N	C	B	R	V	E	T	É	L	A
B	I	H	E	D	O	Y	S	K	K	Á	M	T	N	I	A
U	H	M	C	E	T	L	L	K	K	W	K	I	R	U	V
O	I	T	A	L	Á	Á	I	O	B	V	P	U	A	S	G
W	S	M	K	F	Z	P	L	P	F	I	U	S	G	Y	M
B	E	Z	N	I	U	A	L	B	J	H	H	E	Y	S	D
Y	J	K	T	N	Z	R	E	D	L	A	H	N	O	T	U
F	S	D	S	R	O	Á	K	Z	A	R	Z	A	L	J	D
U	U	L	C	B	I	X	Z	P	H	A	J	Ó	S	J	E
Y	M	L	T	A	D	G	L	T	K	O	R	A	L	L	K
B	K	M	M	V	E	B	A	R	D	K	S	Y	X	M	R

ANGOLNA
ALGA
HAJÓ
DELFIN
GARNÉLARÁK
ÁRAPÁLY
CÁPA
KORALL
RÁK
MEDÚZA
POLIP
OSZTRIGA
ZÁTONY
TEKNŐS
SZIVACS
VIHAR
TONHAL
HAL
BÁLNA
SÓ

42 - Landen #2

M	A	L	A	J	Z	I	A	M	W	R	K	M	N	L	K
U	O	V	Z	A	Í	V	W	C	I	Z	O	I	D	I	E
N	G	Á	Z	S	R	O	G	Ö	R	Ö	G	P	B	B	N
N	E	P	Á	L	O	X	B	U	M	D	M	F	T	É	Y
I	N	E	M	M	R	S	N	E	A	Y	V	R	O	R	A
U	N	M	H	A	S	M	E	X	I	K	Ó	A	R	I	I
E	K	D	T	U	Z	W	L	S	R	E	S	N	O	A	L
M	Y	R	O	C	Á	U	A	Z	É	T	O	C	S	S	Á
O	U	U	A	N	G	Z	O	Í	G	I	E	I	Z	H	M
Y	T	P	C	J	É	O	S	R	I	Ó	X	A	O	R	O
N	U	O	J	I	N	Z	Z	I	N	P	M	O	R	G	Z
L	E	G	N	L	G	A	I	A	D	I	E	R	S	B	S
L	W	C	A	O	K	I	D	A	H	A	R	S	Z	M	L
T	C	F	M	N	O	N	A	B	I	L	Y	Z	Á	X	G
J	A	P	Á	N	D	V	I	B	A	H	D	Á	G	S	C
V	Y	Z	S	C	O	A	D	Á	N	I	A	G	W	B	C

DÁNIA
ETIÓPIA
FRANCIAORSZÁG
GÖRÖGORSZÁG
ÍRORSZÁG
INDONÉZIA
JAPÁN
KENYA
LAOSZ
LIBANON
LIBÉRIA
MALAJZIA
MEXIKÓ
NEPÁL
NIGÉRIA
UGANDA
UKRAJNA
OROSZORSZÁG
SZOMÁLIA
SZÍRIA

43 - Bloemen

S	W	P	G	E	G	X	H	G	J	I	U	H	H	P	T
S	P	C	L	H	J	A	I	N	É	D	R	A	G	B	V
D	É	V	H	U	P	E	G	A	I	L	Ó	N	G	A	M
I	Z	T	K	S	M	Z	W	P	T	U	L	I	P	Á	N
J	S	A	F	D	W	E	T	Y	C	K	G	M	Y	V	N
X	R	X	Y	B	W	K	R	T	P	S	Á	Z	M	C	T
S	O	K	P	U	W	T	Z	I	C	Z	R	Á	N	P	L
C	Z	U	U	N	R	H	C	P	A	K	I	J	J	F	J
A	S	Z	Ó	R	A	S	Z	A	B	X	V	L	R	F	R
E	Z	O	R	U	D	T	Z	K	N	I	A	S	Z	Ó	R
D	Á	L	K	S	O	P	S	E	Á	E	T	C	H	L	Z
I	Z	T	C	O	S	Z	I	R	O	M	O	I	L	I	L
H	S	G	G	X	R	B	C	L	D	L	G	Y	F	N	Z
C	Y	J	R	V	Z	E	R	E	H	Ó	L	E	L	D	N
R	N	Y	Y	L	R	V	Á	Z	Z	Z	O	V	N	N	X
O	V	K	C	Z	H	S	N	W	M	X	G	Z	A	J	A

SZIROM
CSOKOR
GARDÉNIA
JÁZMIN
LÓHERE
LILIOM
SZÁZSZORSZÉP
MAGNÓLIA
NÁRCISZ
ORCHIDEA
PITYPANG
MÁK
GOLGOTAVIRÁG
BAZSARÓZSA
PLUMERIA
RÓZSA
TULIPÁN

44 - Landschappen

J	K	K	B	M	O	D	M	H	G	U	E	T	U	K	L
P	W	Y	A	R	F	R	H	H	U	I	S	D	Y	J	O
Z	P	I	R	U	R	V	V	W	T	M	W	R	E	C	K
Z	K	Y	L	X	T	E	N	G	E	R	Y	G	L	Ö	V
U	F	A	A	T	N	Y	J	C	J	G	F	E	M	V	U
Z	M	J	N	C	W	L	F	O	L	Y	Ó	J	C	S	W
N	V	F	G	V	Í	Z	E	S	É	S	T	Z	T	Z	E
F	G	L	E	C	C	S	E	R	D	F	K	Í	C	S	B
V	É	F	E	M	Y	J	O	J	A	P	J	R	N	T	F
U	Z	L	A	Y	R	X	K	É	Z	P	H	U	G	U	M
L	Y	N	S	I	Z	Á	O	G	A	T	A	V	I	S	S
K	Z	X	I	Z	O	O	F	H	S	Z	I	G	E	T	T
Á	V	L	G	P	I	P	G	E	M	O	C	S	Á	R	R
N	X	E	F	G	T	G	V	G	W	R	T	B	G	X	A
W	E	F	N	W	D	I	E	Y	G	E	H	U	A	C	N
W	R	G	A	R	D	N	U	T	Ó	C	E	Á	N	R	D

HEGY
SZIGET
GEJZÍR
GLECCSER
BARLANG
DOMB
JÉGHEGY
TÓ
MOCSÁR
OÁZIS
ÓCEÁN
FOLYÓ
FÉLSZIGET
STRAND
TUNDRA
VÖLGY
VULKÁN
VÍZESÉS
SIVATAG
TENGER

45 - Tuin

T	R	E	K	U	J	G	Ű	F	I	E	T	M	K	T	H
Á	R	Y	E	K	G	Y	Z	Ü	B	N	Y	G	E	Z	J
P	E	A	J	K	H	O	B	G	H	E	F	X	R	W	G
A	A	I	M	O	I	M	O	G	Z	U	C	X	Í	X	T
L	S	G	D	B	Z	O	K	Ő	G	Y	E	P	T	Z	W
T	Ö	M	L	Ő	U	K	O	Á	T	U	P	D	É	C	T
V	I	R	Á	G	O	L	R	G	M	G	M	D	S	V	B
T	N	I	E	G	J	H	I	Y	P	Ő	L	Ő	Z	S	F
W	X	C	P	A	D	G	M	N	F	A	R	O	Á	X	H
V	S	L	E	X	C	N	O	R	L	A	I	K	R	Y	V
A	V	Z	G	Y	Ü	M	Ö	L	C	S	Ö	S	A	X	B
F	S	A	I	B	U	H	K	X	I	N	S	L	G	S	U
Z	P	K	A	K	S	C	A	V	A	T	W	N	W	Y	B
U	C	S	E	Y	L	B	E	R	E	G	W	X	O	O	B
V	N	I	L	C	A	Á	I	B	Y	E	U	T	K	W	R
D	I	A	C	B	W	A	K	T	E	R	A	S	Z	X	X

PAD
VIRÁG
FA
GYÜMÖLCSÖS
GARÁZS
GYEP
FŰ
FÜGGŐÁGY
GEREBLYE
KERÍTÉS
GYOMOK
SZIKLÁK
LAPÁT
TÖMLŐ
BOKOR
TERASZ
TRAMBULIN
KERT
TAVACSKA
SZŐLŐ

46 - Beroepen #2

O	N	R	E	O	F	L	W	P	D	J	Ó	K	B	F	R
F	N	Z	Z	N	Y	E	L	V	É	S	Z	E	L	E	F
G	R	P	H	U	F	J	A	U	B	O	O	R	F	L	O
C	U	G	P	S	A	W	A	H	U	R	M	T	I	T	T
X	H	V	L	H	Y	J	E	T	R	Á	O	É	L	A	Ó
X	P	F	C	D	X	U	Ú	E	O	T	Y	S	O	L	S
J	V	E	S	C	P	Y	J	R	T	V	N	Z	Z	Á	U
X	B	S	P	R	R	M	S	Z	Á	Y	W	F	Ó	L	G
F	Ó	T	A	T	U	K	Á	J	R	N	X	H	F	Ó	Ó
J	O	Ő	L	P	J	W	G	J	T	Ö	A	A	U	N	L
L	Z	G	A	W	I	W	Í	K	Z	K	D	T	S	P	O
R	N	S	O	V	R	O	R	D	S	F	Z	Ó	Y	E	I
Z	O	J	É	R	S	S	Ó	N	U	D	A	L	P	A	B
E	E	J	L	B	V	K	Y	S	L	J	G	I	T	K	C
I	J	O	W	I	E	O	I	G	L	V	F	P	P	N	T
Ű	R	H	A	J	Ó	S	S	A	I	M	É	R	N	Ö	K

ORVOS
ŰRHAJÓS
KÖNYVTÁROS
BIOLÓGUS
GAZDA
SEBÉSZ
NYOMOZÓ
FILOZÓFUS
FOTÓS
ILLUSZTRÁTOR
MÉRNÖK
ÚJSÁGÍRÓ
TANÁR
NYELVÉSZ
KUTATÓ
PILÓTA
FESTŐ
FOGORVOS
KERTÉSZ
FELTALÁLÓ

47 - Dagen en Maanden

E	S	T	T	A	B	M	O	Z	S	Z	E	R	D	A	K
G	Ő	M	É	E	J	S	K	W	R	W	N	Á	P	M	V
H	F	S	H	U	S	U	T	Z	S	U	G	U	A	R	J
V	T	E	Z	B	F	O	Ó	E	A	R	E	N	N	D	P
R	É	X	B	E	W	G	B	H	S	N	N	A	Ó	U	W
F	H	F	B	R	P	K	E	T	N	É	P	J	H	S	V
P	C	Z	A	E	U	T	R	J	Ú	N	I	U	S	C	A
Y	L	T	B	B	S	Á	E	B	Y	K	E	N	Z	S	S
X	L	B	S	M	S	G	R	M	B	E	E	R	L	Ü	Á
C	V	U	R	E	T	R	B	S	B	T	H	D	M	T	R
R	W	X	F	V	É	V	P	H	L	E	N	R	D	Ö	N
E	Z	E	L	O	Y	Y	S	U	I	C	R	Á	M	R	A
N	H	C	A	N	J	Ú	L	I	U	S	I	T	M	T	P
K	F	X	K	O	C	B	B	W	W	T	C	P	N	Ö	A
J	U	I	K	X	N	P	G	H	T	E	S	A	Y	K	D
G	Y	L	A	N	T	M	V	W	O	P	D	N	D	F	N

AUGUSZTUS
KEDD
CSÜTÖRTÖK
FEBRUÁR
ÉV
JANUÁR
JÚLIUS
JÚNIUS
NAPTÁR
HÓNAP
HÉTFŐ
MÁRCIUS
NOVEMBER
OKTÓBER
SZEPTEMBER
PÉNTEK
HÉT
SZERDA
SZOMBAT
VASÁRNAP

48 - Beelendende Kunsten

I	D	D	T	B	E	X	F	X	T	W	Z	B	Z	Z	S
P	E	R	S	P	E	K	T	Í	V	A	T	É	R	K	T
A	K	S	Á	T	I	V	I	T	A	E	R	K	F	S	E
Y	A	Z	U	R	E	C	C	E	L	N	G	T	P	Y	N
N	X	O	H	E	X	E	X	X	R	I	X	H	O	B	C
Á	V	B	A	Z	V	A	L	O	I	A	K	A	R	F	I
V	I	O	T	E	Z	S	É	T	Í	P	É	A	T	N	L
L	A	R	W	D	S	O	U	O	H	R	W	H	R	V	M
L	S	B	Y	N	É	M	T	S	E	F	T	W	É	E	H
Á	Z	P	V	H	V	M	E	S	T	E	R	M	Ű	U	G
Ő	P	O	R	Z	Ű	T	R	U	A	E	I	D	C	F	D
T	A	F	I	L	M	E	K	N	Z	J	M	K	F	A	F
S	O	G	I	L	E	T	É	T	E	Z	S	S	Ö	S	D
E	L	L	Y	H	A	I	M	Á	R	E	K	O	P	Z	U
F	O	I	L	A	Y	K	H	F	H	E	G	M	J	É	N
C	A	C	L	Z	G	S	K	S	U	X	R	F	I	N	G

ÉPÍTÉSZET
MŰVÉSZ
SZOBOR
KREATIVITÁS
FESTŐÁLLVÁNY
FILM
FASZÉN
KERÁMIA
AGYAG
KRÉTA
MESTERMŰ
TOLL
PERSPEKTÍVA
PORTRÉ
CERUZA
ÖSSZETÉTEL
FESTMÉNY
STENCIL
LAKK
VIASZ

49 - Mode

E	I	T	E	D	E	R	E	T	T	E	V	Ö	Z	S	A
G	B	R	L	Z	K	Z	P	J	C	E	K	P	I	S	C
Y	U	S	E	M	L	E	Y	N	É	K	X	N	B	F	X
S	T	C	G	B	C	F	F	Y	U	A	F	T	C	D	E
Z	I	T	Á	Y	O	A	W	E	G	M	A	X	Ú	X	V
E	K	S	N	R	E	D	O	M	E	Y	W	D	I	R	O
R	A	T	S	I	L	A	M	I	N	I	M	R	M	E	A
Ű	B	A	A	H	Í	M	Z	É	S	T	M	Á	I	I	U
W	H	Z	X	Z	F	G	J	S	U	A	K	G	N	X	J
R	V	Á	S	G	Y	H	N	C	L	L	K	A	T	Z	A
R	L	H	Z	U	R	N	H	B	Í	R	T	X	A	V	K
A	X	U	E	J	C	M	Á	D	T	O	F	E	N	W	H
Y	D	R	R	T	I	D	X	R	S	K	O	B	M	O	G
U	M	Y	É	K	U	G	B	W	I	A	S	E	K	M	E
G	D	K	N	T	I	O	D	Z	W	Y	F	G	Z	W	Z
F	Y	F	Y	U	E	B	F	V	C	G	U	W	H	L	U

SZERÉNY
HÍMZÉS
KÉNYELMES
DRÁGA
EGYSZERŰ
ELEGÁNS
CSIPKE
RUHÁZAT
GOMBOK
MINIMALISTA
MODERN
EREDETI
MINTA
GYAKORLATI
STÍLUS
SZÖVET
TEXTÚRA
IRÁNYZAT
BUTIK

50 - Tuinieren

G	A	J	D	Y	A	Y	O	O	R	F	C	B	S	V	N
E	Y	V	Í	Z	W	M	A	X	R	N	S	O	Z	I	E
F	G	Ü	P	V	N	U	F	B	H	W	O	T	E	R	D
P	A	Z	M	Y	A	B	B	S	L	F	K	A	Z	Á	V
I	M	J	O	Ö	D	Z	E	G	V	P	O	N	O	G	E
S	A	A	M	T	L	E	H	E	T	Ő	R	I	N	O	S
Z	G	L	L	A	I	C	M	S	O	X	É	K	Á	S	S
O	O	A	B	Z	W	K	S	M	E	H	G	A	L	O	É
K	K	T	S	O	P	S	U	Ö	S	K	H	G	I	M	G
J	V	T	D	B	T	T	P	S	S	O	A	V	S	U	R
D	T	Ö	Y	M	B	R	H	M	D	M	J	I	E	I	B
L	V	M	F	O	B	T	U	I	N	P	L	R	E	T	S
C	A	L	S	L	É	V	E	L	J	O	A	Á	C	T	H
M	H	Ő	T	A	R	T	Á	L	Y	S	T	G	X	M	G
N	D	O	Z	H	T	I	R	M	B	Z	I	H	S	F	G
O	V	H	Y	B	I	A	R	J	Z	T	O	E	M	N	O

LEVÉL
VIRÁGOS
VIRÁG
TALAJ
CSOKOR
GYÜMÖLCSÖS
BOTANIKA
KOMPOSZT
TARTÁLY
EHETŐ

EGZOTIKUS
LOMBOZAT
ÉGHAJLAT
SZEZONÁLIS
TÖMLŐ
FAJ
NEDVESSÉG
PISZOK
VÍZ
MAGOK

51 - Menselijk Lichaam

E	I	L	Ü	F	I	Y	C	S	K	V	U	T	J	C	F
E	L	L	L	Y	B	N	G	U	L	K	G	C	Y	M	E
I	Á	Á	X	Á	L	T	Z	F	D	P	L	V	U	F	J
F	B	V	I	V	S	M	K	A	S	D	E	I	O	C	J
X	S	K	É	D	C	I	R	I	G	N	Y	A	K	Y	U
D	A	Y	V	R	O	M	O	Y	G	Y	B	L	C	K	C
O	R	R	T	É	P	S	G	U	X	M	W	M	F	B	M
T	Ő	E	D	T	A	K	U	L	M	O	O	I	R	G	W
R	B	G	P	H	K	Ö	Y	N	Ö	K	D	H	I	O	W
L	O	B	V	V	L	E	Y	N	F	H	C	G	B	Z	L
E	N	O	J	E	L	N	N	G	F	I	N	C	X	M	R
L	X	M	C	S	Á	I	H	T	P	E	M	S	Z	Á	J
D	B	J	K	R	C	X	L	U	S	A	K	O	B	S	C
J	C	C	I	V	F	C	A	N	U	D	É	I	W	Z	L
W	S	S	S	R	K	M	L	J	P	M	Z	H	J	Í	W
C	H	S	I	N	E	S	O	W	B	G	O	R	U	V	F

LÁB
VÉR
KÖNYÖK
BOKA
KÉZ
SZÍV
AGY
FEJ
BŐR
ÁLLKAPOCS
ÁLL
TÉRD
GYOMOR
SZÁJ
NYAK
ORR
FÜL
VÁLL
NYELV
UJJ

52 - Energie

D	I	S	E	E	H	I	D	R	O	G	É	N	A	S	K
Z	Í	É	M	W	M	N	T	O	A	T	R	O	K	O	M
X	B	Z	Y	X	P	E	X	T	Z	P	S	R	K	F	E
A	P	E	E	B	A	U	I	O	I	F	I	T	U	S	G
I	F	Y	H	L	N	L	C	M	Z	S	R	K	M	Z	Ú
F	M	N	W	X	I	T	P	T	K	D	Á	E	U	É	J
J	N	N	F	N	B	N	N	M	H	C	E	L	L	N	U
E	L	E	K	T	R	O	M	O	S	Ő	L	E	Á	I	L
P	É	Z	G	F	U	T	N	Z	F	M	K	L	T	Z	Ó
U	Z	S	Z	R	T	O	G	Ő	Z	D	U	K	O	N	I
D	S	K	I	Z	P	F	C	I	K	U	N	N	R	E	B
P	H	V	J	Z	Y	J	V	S	S	M	J	M	J	B	W
T	M	T	R	U	S	W	Ü	Z	E	M	A	N	Y	A	G
K	Ö	R	N	Y	E	Z	E	T	P	X	T	R	H	B	O
N	S	I	J	P	N	S	Y	X	M	M	D	L	U	K	I
I	V	F	P	C	E	V	E	N	T	R	Ó	P	I	A	R

AKKUMULÁTOR
BENZIN
ÜZEMANYAG
DÍZEL
ELEKTROMOS
ELEKTRON
ENTRÓPIA
FOTON
MEGÚJULÓ
IPAR

SZÉN
MOTOR
NUKLEÁRIS
KÖRNYEZET
GŐZ
TURBINA
SZENNYEZÉS
HŐ
HIDROGÉN
SZÉL

53 - Familie

U	K	X	V	K	N	T	A	H	U	F	E	V	Y	X	H
N	N	G	Ú	H	A	K	O	N	U	E	O	E	O	J	N
W	A	O	Y	I	B	K	X	V	G	L	R	A	U	G	L
D	Y	G	K	E	M	R	E	Y	G	E	Z	E	E	A	N
H	N	I	Y	A	R	F	É	R	J	S	R	T	S	X	A
I	A	P	A	A	T	M	N	V	H	É	É	U	H	T	G
N	J	U	P	K	P	E	E	V	E	G	V	G	F	W	Y
É	Á	Ő	A	O	F	A	S	K	X	H	T	Y	M	D	B
N	K	S	Y	N	N	M	T	T	E	F	S	E	C	W	Á
J	O	C	N	U	P	A	G	L	V	K	E	R	K	I	C
U	N	Z	Á	S	I	M	M	L	X	É	T	M	T	Y	S
O	U	A	L	T	A	Y	G	Z	I	B	R	E	R	J	I
X	H	I	O	J	R	G	P	N	J	W	R	K	A	Y	H
X	K	M	B	L	Z	A	M	X	U	I	C	K	S	K	Z
C	T	Z	U	K	J	N	P	E	R	B	Z	O	X	X	A
Y	E	O	Y	S	I	Z	N	N	C	N	U	R	M	T	J

TESTVÉR
LÁNYA
NAGYMAMA
GYERMEKKOR
GYERMEK
GYERMEKEK
UNOKA
UNOKÁJA
FÉRJ
ANYA
UNOKATESTVÉR
UNOKAHÚG
NAGYBÁCSI
NAGYAPA
NÉNI
IKREK
APA
APAI
ŐS
FELESÉG

54 - Gebouwen

V	Á	R	E	P	L	J	P	E	N	V	J	M	S	L	M
H	S	G	Z	G	D	A	L	O	K	S	I	Ú	T	A	Z
T	E	Y	O	A	Y	E	K	L	C	C	X	Z	A	B	N
I	I	Á	E	T	Y	E	A	Á	N	U	M	E	D	O	N
B	D	R	R	C	A	V	T	M	S	C	U	U	I	R	W
G	Y	E	R	T	W	U	J	E	T	W	J	M	O	A	G
U	A	K	I	Z	X	L	A	V	M	E	Y	R	N	T	A
K	J	X	P	W	S	O	P	C	R	Y	N	I	O	Ó	R
G	E	J	H	H	Á	S	Z	Á	L	L	O	D	A	R	Á
A	W	M	W	E	T	K	A	B	I	N	R	T	M	I	Z
Z	K	X	L	G	O	G	L	T	E	C	O	R	S	U	S
D	A	Z	Á	H	R	Ó	K	I	B	H	T	G	J	M	R
A	I	N	A	G	Y	K	Ö	V	E	T	S	É	G	S	I
S	S	Z	U	P	E	R	M	A	R	K	E	T	R	B	C
Á	W	B	O	D	S	Z	Í	N	H	Á	Z	A	D	C	C
G	L	E	E	M	K	T	O	G	E	L	V	Z	P	L	X

NAGYKÖVETSÉG
LAKÁS
MOZI
GAZDASÁG
KABIN
GYÁR
GARÁZS
SZÁLLODA
VÁR
LABORATÓRIUM
MÚZEUM
ISKOLA
PAJTA
STADION
SZUPERMARKET
SÁTOR
SZÍNHÁZ
TORONY
EGYETEM
KÓRHÁZ

55 - Beroepen #1

P	S	Z	I	C	H	O	L	Ó	G	U	S	B	I	F	Z
O	B	B	X	L	O	B	B	B	D	J	O	I	K	B	E
K	R	S	O	V	R	O	T	A	L	L	Á	A	G	S	N
N	A	G	Y	K	Ö	V	E	T	N	B	N	Y	O	C	É
G	T	R	C	T	Ő	T	Z	S	E	K	R	E	Z	S	S
Y	S	B	S	É	Y	J	D	R	Á	K	Á	A	Z	D	Z
Ó	I	B	I	R	Z	N	K	Z	D	P	R	R	X	F	U
G	R	F	L	K	E	P	V	S	C	S	O	C	N	Á	T
Y	O	G	L	É	E	K	N	É	M	Z	H	L	J	A	E
S	G	E	A	P	Y	T	R	R	F	Z	K	E	Ó	M	Ü
Z	N	O	G	É	C	Y	Ű	E	F	P	W	C	S	A	G
E	O	L	Á	S	M	Z	B	Z	S	Á	D	A	V	T	Y
R	Z	Ó	S	Z	U	M	G	S	O	U	Z	V	J	L	V
É	H	G	Z	L	H	G	D	K	V	L	W	X	V	É	É
S	G	U	A	X	J	U	X	É	R	B	T	B	C	T	D
Z	S	S	Ó	D	U	T	B	Z	O	J	H	Ó	R	A	F

ÜGYVÉD
NAGYKÖVET
GYÓGYSZERÉSZ
CSILLAGÁSZ
ATLÉTA
BANKÁR
TŰZOLTÓ
TÉRKÉPÉSZ
TÁNCOS
ÁLLATORVOS
ORVOS
SZERKESZTŐ
GEOLÓGUS
VADÁSZ
ÉKSZERÉSZ
ZENÉSZ
ZONGORISTA
PSZICHOLÓGUS
ÁPOLÓ
TUDÓS

56 - Antarctica

N	T	E	Z	E	Y	N	R	Ö	K	F	I	L	X	S	K
H	G	U	L	Z	K	V	U	Z	Ő	É	G	B	Z	Z	O
R	G	H	D	O	O	T	L	T	H	L	Z	Í	V	I	N
E	F	Ő	E	O	W	Y	P	M	L	S	J	É	G	K	T
X	O	M	K	X	M	C	K	J	E	Z	A	U	B	L	I
P	N	É	C	M	C	Á	E	D	F	I	R	M	T	Á	N
E	H	R	T	R	U	G	N	O	S	G	D	R	O	S	E
D	M	S	X	O	V	I	I	Y	N	E	L	C	C	X	N
Í	I	É	P	U	G	B	V	W	O	T	Ö	Ö	N	M	S
C	G	K	K	E	T	E	G	I	Z	S	F	F	B	P	W
I	R	L	P	U	X	K	N	X	L	L	I	B	C	Ö	E
Ó	Á	E	X	L	V	A	I	F	Á	R	G	O	P	O	T
S	C	T	P	T	B	H	P	M	E	G	Ő	R	Z	É	S
A	I	L	F	A	J	G	L	E	C	C	S	E	R	E	K
H	Ó	W	P	Y	U	E	N	H	F	K	E	X	O	U	Z
B	D	D	I	D	O	O	K	U	T	A	T	Ó	W	U	R

ÖBÖL
MEGŐRZÉS
KONTINENS
SZIGETEK
EXPEDÍCIÓ
FÖLDRAJZ
GLECCSEREK
JÉG
MIGRÁCIÓ
KÖRNYEZET
KUTATÓ
PINGVINEK
SZIKLÁS
FÉLSZIGET
FAJ
HŐMÉRSÉKLET
TOPOGRÁFIA
VÍZ
TUDOMÁNYOS
FELHŐK

57 - Ballet

S	S	M	G	K	O	R	E	O	G	R	Á	F	I	A	G
O	T	Z	E	N	E	K	A	R	M	F	I	N	O	B	E
Z	I	Í	H	N	H	O	B	V	E	Ű	O	W	Y	G	S
E	K	D	L	J	E	M	Ó	U	W	S	V	N	H	S	Z
N	V	W	K	U	R	Z	R	Z	W	V	U	É	S	Y	T
E	R	O	Y	P	S	I	P	U	I	I	S	K	S	J	U
S	R	I	T	M	U	S	K	E	C	S	E	S	P	Z	S
Z	K	Ö	Z	Ö	N	S	É	G	Ő	B	D	E	A	Y	I
E	T	K	T	K	B	K	L	N	Z	P	M	E	T	Z	Y
R	E	N	Á	É	A	I	N	T	E	N	Z	I	T	Á	S
Z	C	E	N	S	L	O	J	X	J	E	L	W	N	A	O
Ő	H	O	C	Z	E	C	X	P	E	B	A	Z	W	T	X
R	N	M	O	S	R	X	U	M	F	I	G	X	A	U	N
U	I	A	S	É	I	E	M	K	I	J	R	Y	A	J	H
S	K	M	O	G	N	R	Z	N	K	S	P	F	D	E	A
S	A	J	K	T	A	L	R	O	K	A	Y	G	J	B	D

TAPS
MŰVÉSZI
BALERINA
KOREOGRÁFIA
ZENESZERZŐ
TÁNCOSOK
KIFEJEZŐ
GESZTUS
INTENZITÁS
ZENE
ZENEKAR
GYAKORLAT
KÖZÖNSÉG
PRÓBA
RITMUS
KECSES
IZMOK
STÍLUS
TECHNIKA
KÉSZSÉG

58 - Fruit

G	L	X	D	C	K	C	A	R	A	B	I	Z	S	Ő	C
A	A	X	I	L	J	Y	W	V	A	Y	I	K	I	L	S
O	Z	B	J	P	C	Z	T	M	O	R	T	I	C	Ő	E
P	A	P	A	J	A	E	T	R	Ö	K	Z	V	P	Z	R
O	B	R	F	I	M	Z	Y	V	G	C	Á	I	T	S	E
C	P	D	T	Z	P	A	P	K	S	A	Y	D	T	K	S
A	N	A	N	Á	S	Z	N	T	S	R	F	T	Ó	P	Z
N	Á	W	X	E	P	O	T	G	K	A	D	K	Y	W	N
A	N	B	G	J	O	I	U	P	Ó	B	F	P	G	D	Y
R	A	M	D	N	W	Y	A	L	M	A	P	D	O	G	E
A	B	Á	M	A	C	B	N	T	P	G	N	Y	B	N	Y
N	S	L	L	B	V	P	L	S	I	R	I	Z	F	C	N
C	R	N	H	S	H	L	I	A	Y	Á	C	B	X	B	N
S	W	A	W	J	D	Ó	I	D	Z	S	U	K	Ó	K	I
N	E	K	T	A	R	I	N	Z	N	M	B	B	U	A	D
Z	Y	L	O	E	W	K	Z	D	S	C	L	Z	Y	B	J

SÁRGABARACK
ANANÁSZ
ALMA
AVOKÁDÓ
BANÁN
BOGYÓ
CITROM
SZŐLŐ
MÁLNA
CSERESZNYE
KIVI
KÓKUSZDIÓ
MANGÓ
DINNYE
NEKTARIN
NARANCS
PAPAJA
KÖRTE
ŐSZIBARACK
SZILVA

59 - Engineering

M	D	U	V	B	M	W	S	C	G	E	S	V	K	R	D
É	I	B	D	S	É	W	Z	R	Y	X	K	G	E	S	C
L	A	P	M	C	R	S	T	A	B	I	L	I	T	Á	S
Y	G	Ö	Z	S	É	Á	E	I	É	Ő	R	É	M	T	Á
S	R	H	H	F	S	T	Z	G	W	P	R	R	M	Í	P
É	A	X	O	R	D	J	E	R	D	É	Í	B	H	M	F
G	M	T	O	V	F	A	K	E	Í	G	P	T	J	Á	O
T	M	H	K	D	X	H	R	N	Z	E	R	M	É	Z	L
S	E	O	D	B	D	G	E	E	E	P	F	S	O	S	Y
Ú	I	N	Z	L	Y	E	Z	K	L	T	G	Ő	F	A	A
R	I	G	G	G	Y	M	S	M	O	T	O	R	O	E	D
L	J	P	G	E	Á	V	C	W	O	W	H	E	R	X	É
Ó	A	B	X	U	L	S	W	V	Z	C	N	P	G	C	K
D	Z	V	Y	P	A	Y	X	B	V	Y	Y	B	Á	Z	F
Á	P	E	E	L	Y	D	L	U	H	D	U	B	S	G	S
S	T	N	X	F	K	F	A	N	G	E	O	E	E	U	U

TENGELY
SZÁMÍTÁS
MOZGÁS
ÉPÍTÉS
DIAGRAM
ÁTMÉRŐ
MÉLYSÉG
DÍZEL
ENERGIA
SZÖG
ERŐ
GÉP
MÉRÉS
MOTOR
FORGÁS
STABILITÁS
SZERKEZET
FOLYADÉK
MEGHAJTÁS
SÚRLÓDÁS

60 - Literatuur

V	B	F	U	D	B	Y	K	H	H	X	N	Z	S	J	R
U	É	S	I	Ő	T	L	Ö	K	E	K	R	J	É	K	Í
P	S	L	D	K	M	T	E	A	R	O	F	A	T	E	M
I	Á	O	E	X	C	V	R	N	T	G	F	R	E	A	S
O	R	R	L	M	H	I	B	A	M	É	T	T	T	N	T
G	Í	Z	B	C	É	V	Ó	L	S	Z	V	E	Z	E	Í
D	E	H	I	E	M	N	D	Ó	C	G	U	L	E	K	L
Z	L	G	D	Z	S	Ő	Y	G	H	Y	G	É	K	D	U
I	K	B	J	O	U	Z	K	I	A	G	D	N	T	O	S
A	E	V	V	X	M	R	É	A	I	Z	Z	P	E	T	É
U	Y	E	Y	S	T	E	I	D	D	W	P	K	V	A	Z
A	K	R	V	D	I	Z	C	W	É	K	T	C	Ö	W	M
V	I	S	G	Z	R	S	R	E	G	É	N	Y	K	D	E
N	A	R	R	Á	T	O	R	W	A	A	F	Y	F	O	L
A	M	M	T	X	U	G	I	W	R	F	I	D	L	Y	E
H	T	Z	Y	Y	P	E	A	W	T	I	V	E	M	R	Y

ANALÓGIA
ELEMZÉS
ANEKDOTA
SZERZŐ
ÉLETRAJZ
KÖVETKEZTETÉS
PÁRBESZÉD
FIKCIÓ
VERS
VÉLEMÉNY
METAFORA
LEÍRÁS
KÖLTŐI
RÍM
RITMUS
REGÉNY
STÍLUS
TÉMA
TRAGÉDIA
NARRÁTOR

61 - Boeken

F	N	K	O	N	T	E	X	T	U	S	R	E	V	G	Y
T	C	A	J	T	K	U	N	H	C	N	D	D	I	Y	E
O	Ö	G	V	E	T	Ö	R	T	É	N	E	L	M	I	P
Ő	Z	R	E	Z	S	J	F	V	G	Í	X	Ó	O	M	I
K	G	A	T	S	P	L	N	S	Y	O	R	Z	K	I	K
E	Y	O	L	É	P	E	U	R	Ű	S	O	O	K	G	U
T	N	L	N	T	N	P	S	O	J	J	T	K	T	O	S
T	O	V	V	L	Z	E	J	L	T	X	Á	T	I	T	T
Ő	K	A	I	Ö	F	T	T	D	E	V	R	A	R	M	A
S	É	S	Y	K	T	N	Y	A	M	Y	R	N	O	O	Y
S	L	Ó	T	P	B	R	N	L	É	E	A	O	D	P	K
É	Á	E	K	B	F	B	É	Z	N	Z	N	V	A	U	Z
G	L	R	L	C	P	F	G	F	Y	W	S	E	L	Y	M
K	A	L	A	N	D	S	E	I	Á	C	T	D	M	C	J
S	T	E	P	V	N	W	R	I	L	S	M	I	I	W	A
T	R	A	G	I	K	U	S	Z	V	K	C	G	R	N	D

SZERZŐ
KALAND
OLDAL
GYŰJTEMÉNY
KONTEXTUS
KETTŐSSÉG
EPIKUS
VERS
ÍROTT
TÖRTÉNELMI
TRÉFÁS
TALÁLÉKONY
OLVASÓ
IRODALMI
KÖLTÉSZET
IDE VONATKOZÓ
REGÉNY
TRAGIKUS
TÖRTÉNET
NARRÁTOR

62 - Meer Informatie

Z	P	L	U	F	J	F	V	R	W	W	K	K	S	T	T
D	H	P	N	K	Ö	N	Y	V	E	K	A	R	H	F	Ű
S	Z	É	L	S	Ő	S	É	G	E	S	N	Y	F	H	Z
A	L	W	N	O	Ó	S	I	X	A	L	A	G	A	U	F
F	U	T	U	R	I	S	Z	T	I	K	U	S	N	T	O
V	M	A	E	G	Z	Z	F	O	G	R	B	Á	T	Ó	R
I	M	L	A	U	Ú	D	O	R	Ó	O	O	N	A	P	G
L	N	S	I	K	L	Y	E	M	L	B	L	A	S	I	A
Á	G	Ó	P	W	L	I	W	G	O	O	Y	B	Z	A	T
G	P	J	O	S	I	G	L	J	N	T	G	B	T	R	Ó
R	E	J	T	É	L	Y	E	S	H	O	Ó	O	I	E	K
S	X	A	S	A	L	Y	Y	Y	C	K	K	R	K	Á	Ö
S	Y	H	Y	E	F	P	G	I	E	O	H	O	U	L	N
M	M	P	D	D	F	Y	Y	A	T	M	C	X	S	I	Y
K	É	P	Z	E	L	E	T	B	E	L	I	R	J	S	V
P	E	U	S	B	Y	Z	S	W	W	W	B	L	X	Z	H

MOZI
KÖNYVEK
TŰZ
KÉPZELETBELI
DYSTOPIA
ROBBANÁS
SZÉLSŐSÉGES
FANTASZTIKUS
FUTURISZTIKUS
ILLÚZIÓ
REJTÉLYES
JÓSLAT
BOLYGÓ
REÁLIS
ROBOTOK
FORGATÓKÖNYV
GALAXIS
TECHNOLÓGIA
UTÓPIA
VILÁG

63 - Haartypes

L	H	U	D	I	D	G	S	Y	G	K	J	X	F	K	H
P	E	Z	Ü	S	T	T	Z	S	A	P	O	K	E	H	U
T	U	H	B	Y	V	T	Í	E	V	G	K	Ö	K	L	L
G	A	H	W	A	O	T	N	G	P	B	G	T	E	O	L
S	L	N	A	G	R	O	E	É	F	J	G	R	T	N	Á
Ú	Z	S	S	O	H	N	S	S	S	T	G	Ü	E	L	M
S	A	Ü	V	X	R	O	A	Z	R	T	X	F	M	H	O
Z	R	F	R	O	G	F	Z	S	G	Ö	N	D	Ö	R	S
Ő	Á	F	A	K	W	H	S	É	F	E	H	É	R	R	E
K	Z	X	I	W	E	I	T	G	O	F	N	U	O	R	W
E	S	V	É	K	O	N	Y	E	V	A	S	T	A	G	E
D	H	E	J	F	E	W	R	Ö	V	I	D	B	T	Y	R
T	P	L	I	M	O	J	X	D	W	P	S	V	Z	I	J
K	O	I	F	P	O	Y	D	Y	R	S	O	Y	A	Y	U
Y	A	I	L	V	I	F	N	T	Z	F	E	J	B	Ő	R
N	E	P	P	X	N	R	M	B	E	H	M	E	S	N	F

SZŐKE
BARNA
VASTAG
SZÁRAZ
VÉKONY
SZÍNES
FONOTT
EGÉSZSÉGES
HULLÁMOS
SZÜRKE
FEJBŐR
KOPASZ
RÖVID
FÜRTÖK
GÖNDÖR
HOSSZÚ
FEHÉR
PUHA
EZÜST
FEKETE

64 - Stad

P	M	V	I	P	J	Z	G	Y	V	E	A	H	Z	T	A
J	É	Ú	P	D	B	T	L	O	B	O	F	E	L	A	A
C	G	K	Z	T	E	K	R	A	M	R	E	P	U	Z	S
M	Y	N	S	E	F	E	M	E	T	E	Y	G	E	W	C
O	Ó	A	U	É	U	R	N	A	K	Y	S	G	P	I	H
Z	G	B	R	X	G	M	O	T	S	T	V	Y	S	D	R
I	Y	U	Á	H	N	A	I	R	É	L	A	G	M	K	N
C	S	O	G	R	V	K	D	É	R	O	U	L	F	K	L
S	Z	S	Á	A	C	I	A	T	W	B	P	S	L	R	O
K	E	S	R	D	B	N	T	Ő	D	S	A	D	B	Á	P
I	R	J	I	T	L	I	S	L	Y	E	U	L	R	T	I
G	T	U	V	R	B	L	Y	Ü	U	V	A	O	B	V	A
M	Á	T	F	J	L	K	D	P	E	Y	H	U	T	Y	C
E	R	P	M	B	S	J	S	E	E	N	N	F	R	N	R
S	Z	Í	N	H	Á	Z	P	R	H	Ö	E	G	V	Ö	X
S	Z	Á	L	L	O	D	A	L	O	K	S	I	R	K	A

GYÓGYSZERTÁR
PÉKSÉG
BANK
KÖNYVTÁR
MOZI
VIRÁGÁRUS
KÖNYVESBOLT
ÁLLATKERT
GALÉRIA
SZÁLLODA
KLINIKA
REPÜLŐTÉR
PIAC
MÚZEUM
ISKOLA
STADION
SZUPERMARKET
SZÍNHÁZ
EGYETEM
BOLT

65 - Creativiteit

I	K	H	F	D	O	K	S	S	P	O	N	T	Á	N	I
N	I	I	O	R	B	T	É	Z	Z	E	X	N	J	I	N
T	F	T	L	Á	X	E	U	S	E	L	S	B	T	X	T
E	E	E	Y	M	T	L	N	U	Z	N	T	E	D	Y	U
N	J	L	É	A	A	E	F	Y	E	S	Z	R	A	G	Í
Z	E	E	K	I	Z	Z	L	N	O	N	É	Á	P	U	C
I	Z	S	O	Z	V	P	B	O	V	M	P	G	C	R	I
T	É	S	N	S	N	É	K	K	I	D	Á	L	É	I	Ó
Á	S	É	Y	É	O	K	E	É	L	L	P	S	R	F	Ó
S	V	G	S	V	C	Ó	G	L	Á	G	K	P	Z	L	O
K	A	Z	Á	Ű	U	I	R	Á	G	H	R	U	E	K	O
O	Z	O	G	M	N	Z	W	L	O	H	T	E	L	H	I
A	B	D	Y	I	E	Í	N	A	S	F	R	Y	M	M	X
W	Y	Z	D	J	N	V	K	T	S	X	M	F	E	Z	J
É	R	Z	É	S	E	K	É	A	Á	M	O	C	K	M	X
É	L	E	T	E	R	Ő	P	F	G	K	U	C	J	D	G

MŰVÉSZI
KÉP
DRÁMAI
HITELESSÉG
ÉRZELMEK
SZENZÁCIÓ
ÉRZÉSEK
VILÁGOSSÁG
BENYOMÁS
IHLET
INTENZITÁS
INTUÍCIÓ
TALÁLÉKONY
SPONTÁN
KIFEJEZÉS
KÉSZSÉG
KÉPZELET
VÍZIÓK
ÉLETERŐ
FOLYÉKONYSÁG

66 - Natuur

K	X	H	E	S	M	N	S	G	L	E	C	C	S	E	R
U	S	Ű	R	E	D	T	A	Z	O	B	M	O	L	M	N
N	I	U	Ó	D	I	J	M	S	I	Y	F	A	Y	F	K
K	Z	W	Z	Ú	N	X	V	V	Z	K	Ő	H	L	E	F
W	M	Z	I	G	A	J	Z	J	T	É	L	J	Y	G	S
Y	D	D	Ó	Á	M	G	E	P	Y	E	P	Á	P	A	Á
A	V	H	G	S	I	S	U	P	Ó	R	T	S	K	O	L
H	J	Y	W	S	K	P	H	G	S	D	A	V	É	V	L
X	W	L	R	O	U	U	Y	D	T	Ő	Ö	K	U	G	A
H	G	R	V	T	S	B	V	M	K	D	C	K	H	H	T
F	J	S	W	N	U	Y	L	É	T	N	E	Z	S	T	O
D	J	B	L	O	X	W	J	H	B	M	I	X	G	N	K
J	A	W	J	F	L	R	K	E	S	I	V	A	T	A	G
H	P	U	S	T	F	O	H	K	É	D	E	N	E	M	A
E	S	I	K	É	D	I	V	K	R	A	S	I	A	W	N
W	M	F	O	L	Y	Ó	G	S	J	G	D	S	A	J	Y

SARKVIDÉKI
MÉHEK
ERDŐ
ÁLLATOK
DINAMIKUS
ERÓZIÓ
LOMBOZAT
GLECCSER
SZENTÉLY
SZIKLÁK
KÖD
FOLYÓ
SZÉPSÉG
MENEDÉK
DERŰS
TRÓPUSI
LÉTFONTOSSÁGÚ
VAD
SIVATAG
FELHŐK

67 - Zoogdieren

O	J	G	V	V	M	B	Z	H	G	G	W	M	P	K	P
D	Ó	H	G	S	E	W	S	T	L	V	Z	J	R	E	M
E	K	N	B	E	A	K	I	B	R	E	N	Z	É	N	H
L	E	U	F	T	E	E	R	I	B	R	E	O	R	G	S
F	W	L	T	T	O	C	Á	N	P	N	A	E	I	U	M
I	Z	L	E	Y	G	S	F	R	N	Y	Y	R	F	R	V
N	E	Ó	M	F	A	K	V	S	T	Ú	U	O	A	U	I
B	Á	L	N	A	Á	E	D	J	V	L	M	M	R	U	R
M	A	C	S	K	A	N	F	A	R	K	A	S	K	H	X
G	P	K	A	S	X	K	T	B	M	W	K	Z	A	F	E
T	R	L	Z	X	Z	P	R	M	A	J	O	M	S	P	D
E	J	P	Y	H	W	A	A	S	K	O	R	E	J	Z	R
V	U	B	M	C	K	N	M	S	X	T	D	Y	Z	J	Ó
E	Y	R	B	P	A	T	N	Á	L	Z	S	O	R	O	K
G	O	R	I	L	L	A	Y	K	R	C	T	X	U	X	A
L	Z	Y	S	J	R	K	Z	Z	F	Y	P	S	S	V	F

MAJOM
HÓD
PRÉRIFARKAS
DELFIN
SZAMÁR
KECSKE
ZSIRÁF
GORILLA
KUTYA
TEVE
KENGURU
MACSKA
NYÚL
OROSZLÁN
ELEFÁNT
LÓ
BIKA
RÓKA
BÁLNA
FARKAS

68 - Overheid

O	D	F	M	K	P	N	E	N	E	M	Z	E	T	I	S
F	T	I	K	O	G	O	J	M	A	L	L	Á	B	M	Z
J	P	O	R	V	Y	M	L	J	L	P	N	U	M	W	I
P	O	L	I	T	I	K	A	G	N	É	F	V	D	V	M
S	Z	A	B	A	D	S	Á	G	Á	E	K	T	G	G	B
D	E	M	O	K	R	Á	C	I	A	R	M	M	S	U	Ó
G	Á	S	S	O	G	Á	S	Z	A	G	I	Z	Ű	T	L
A	L	K	O	T	M	Á	N	Y	D	K	B	U	E	V	U
D	F	O	U	E	M	H	P	P	S	A	Í	F	K	T	M
K	T	S	V	L	C	M	F	I	F	B	R	V	R	E	P
D	W	K	E	Ü	Z	E	B	M	X	É	Ó	I	M	N	K
Z	B	H	Z	R	G	Z	J	H	A	K	S	T	F	S	Y
U	K	S	E	E	T	M	L	X	J	É	Á	A	T	H	O
R	W	U	T	K	Y	V	G	Z	U	S	G	Z	Z	X	W
G	É	S	Ő	L	N	E	Y	G	E	R	I	I	W	E	G
O	B	E	S	Z	É	D	T	Ö	R	V	É	N	Y	S	W

POLGÁRI
DEMOKRÁCIA
VITA
EGYENLŐSÉG
BÍRÓSÁGI
IGAZSÁGOSSÁG
ALKOTMÁNY
VEZETŐ
EMLÉKMŰ
NEMZET
NEMZETI
POLITIKA
JOGOK
BÉKÉS
ÁLLAM
SZIMBÓLUM
BESZÉD
SZABADSÁG
TÖRVÉNY
KERÜLET

69 - Voertuigen

R	R	L	P	M	O	L	U	M	U	N	H	K	O	M	P
T	R	K	O	W	S	R	E	T	P	O	K	I	L	E	H
N	T	M	G	U	Y	M	B	U	X	I	Z	M	X	O	S
L	A	K	Ó	K	O	C	S	I	O	M	P	U	L	A	Ó
M	N	C	E	A	C	H	I	P	X	A	O	G	Y	T	T
X	O	N	X	M	H	A	L	O	Z	K	B	D	R	É	U
X	G	T	P	I	Z	J	S	G	Z	R	B	V	E	K	A
N	R	A	O	Ó	E	Ó	G	O	B	O	R	N	P	A	Ő
Y	U	N	M	R	K	E	R	É	K	P	Á	R	Ü	R	T
U	F	O	V	T	S	P	B	D	V	H	E	O	L	W	N
T	T	V	P	E	A	S	B	S	B	N	R	T	Ő	X	E
R	U	G	K	M	A	Y	U	S	F	X	K	K	G	H	M
E	F	T	A	U	T	Ó	S	T	O	W	O	A	É	C	R
K	W	W	A	F	D	M	Z	C	Y	U	E	R	P	N	Z
S	W	H	Y	J	D	E	O	C	T	K	X	T	F	X	W
T	K	T	L	A	A	J	P	T	R	W	H	A	D	X	W

MENTŐAUTÓ
AUTÓ
GUMIK
FURGON
HAJÓ
BUSZ
LAKÓKOCSI
KERÉKPÁR
HELIKOPTER
METRÓ
MOTOR
RAKÉTA
ROBOGÓ
TAXI
TRAKTOR
VONAT
KOMP
REPÜLŐGÉP
TUTAJ
KAMION

70 - Geografie

T	S	O	R	Á	V	H	Ő	T	Í	L	N	E	Y	G	E
K	É	Z	I	G	É	S	S	E	L	É	Z	S	H	Á	K
K	K	R	I	T	I	N	S	N	Á	E	C	Ó	E	L	E
Z	O	W	K	G	W	Y	R	G	D	M	V	U	G	I	T
U	H	N	C	É	E	N	R	E	P	O	L	B	Y	V	L
N	P	C	T	C	P	T	R	R	É	S	Z	A	K	M	É
F	N	A	U	I	H	S	H	V	T	J	K	F	L	Y	F
P	I	J	E	J	N	T	C	E	F	M	N	O	D	É	L
O	J	R	N	S	B	E	J	W	A	H	P	L	S	G	R
R	H	G	A	C	A	G	N	O	A	G	I	Y	R	G	F
V	I	D	É	K	C	G	U	S	T	S	W	Ó	F	G	K
M	E	R	I	D	I	Á	N	M	A	G	A	S	S	Á	G
X	B	I	F	N	T	Z	N	N	G	A	T	L	A	S	Z
H	T	K	I	C	Y	S	P	G	U	C	G	F	U	T	N
N	D	D	Z	F	P	R	H	M	Y	P	I	W	G	Z	B
F	H	P	A	K	C	O	U	S	N	S	E	J	H	Y	C

ATLASZ
HEGY
SZÉLESSÉG
KONTINENS
SZIGET
EGYENLÍTŐ
FÉLTEKE
MAGASSÁG
TÉRKÉP
ORSZÁG
MERIDIÁN
ÉSZAK
ÓCEÁN
VIDÉK
FOLYÓ
VÁROS
VILÁG
NYUGAT
TENGER
DÉL

71 - Kunstbenodigdheden

S	Z	J	V	P	O	K	W	X	G	Ó	U	R	W	T	S
K	P	Z	U	W	U	P	T	I	N	T	A	A	S	T	W
P	A	S	Z	T	E	L	L	C	F	Z	X	D	S	W	Y
A	K	V	A	R	E	L	L	E	K	S	R	Í	P	A	P
D	E	F	S	Á	T	I	V	I	T	A	E	R	K	R	C
M	T	O	E	A	S	Z	T	A	L	G	S	D	E	E	E
M	E	H	L	S	S	N	É	Z	S	A	F	Z	K	M	R
U	S	J	J	A	T	K	B	Y	M	R	H	B	É	A	U
D	C	V	A	A	J	Ő	T	K	L	S	W	N	T	K	Z
T	E	A	J	A	A	B	Á	F	W	O	Z	Z	S	E	Á
Y	J	L	U	A	F	N	F	L	V	K	U	I	E	N	K
N	B	D	I	O	W	E	V	A	L	V	B	K	F	Í	H
O	N	N	N	M	X	S	H	K	V	V	S	C	P	Z	B
H	Z	G	A	V	Í	Z	I	R	F	T	Á	V	V	S	Z
J	O	P	K	T	L	I	R	I	I	Z	E	N	K	G	L
A	G	Y	A	G	W	A	N	L	U	S	G	U	Y	Y	P

AKRIL
AKVARELLEK
ECSETEK
KAMERA
KREATIVITÁS
FESTŐÁLLVÁNY
RADÍR
FASZÉN
TINTA
AGYAG
SZÍNEK
RAGASZTÓ
OLAJ
PAPÍR
PASZTELL
CERUZÁK
SZÉK
ASZTAL
FESTÉKEK
VÍZ

72 - Barbecues

S	T	V	L	A	S	M	E	Z	H	A	B	O	R	S	N
M	V	Z	N	Y	Á	R	E	K	X	P	L	D	S	Y	A
U	J	N	Z	E	N	E	Y	G	H	T	K	I	I	T	C
U	S	Z	Ó	S	Z	D	X	T	H	G	Y	A	G	S	D
E	M	A	S	K	E	A	Y	X	J	Í	V	U	T	D	K
I	K	E	G	É	S	D	L	Ö	Z	D	V	A	G	P	H
E	É	P	N	V	N	É	D	Y	K	Á	T	Á	L	A	S
D	S	N	U	A	E	B	I	G	X	L	X	O	S	R	F
M	E	L	E	C	M	E	A	X	A	A	J	U	L	A	U
T	K	B	H	D	X	Y	F	S	U	S	C	X	N	D	É
O	X	S	G	M	F	G	G	B	W	C	E	Ó	T	I	H
V	G	E	B	Y	E	Z	V	A	C	S	O	R	A	C	S
R	I	J	I	S	K	G	O	P	H	G	S	R	A	S	É
R	J	L	C	S	I	R	K	E	E	N	U	O	K	O	G
X	K	M	L	L	I	R	G	N	H	H	I	F	V	M	J
B	T	Z	Z	A	G	Y	Ü	M	Ö	L	C	S	W	J	D

VACSORA
CSALÁD
GYÜMÖLCS
GRILL
ZÖLDSÉGEK
FORRÓ
ÉHSÉG
CSIRKE
EBÉD
KÉSEK
ZENE
BORS
SALÁTÁK
SZÓSZ
PARADICSOM
HAGYMA
MEGHÍVÁS
VILLA
NYÁR
SÓ

73 - Wetenschappelijke Discip

N	E	U	R	O	L	Ó	G	I	A	Y	V	F	T	B	C
F	I	Z	I	O	L	Ó	G	I	A	A	K	Ö	E	I	S
P	S	Z	I	C	H	O	L	Ó	G	I	A	K	R	O	I
R	O	B	O	T	I	K	A	S	B	G	I	O	M	K	L
Á	S	V	Á	N	Y	T	A	N	O	Ó	G	L	O	É	L
N	A	I	M	Ó	T	A	N	A	T	L	Ó	Ó	D	M	A
B	I	O	L	Ó	G	I	A	K	A	O	L	G	I	I	G
R	M	C	R	R	V	Z	Y	I	N	N	O	I	N	A	Á
Y	É	F	A	O	A	Y	Y	N	I	U	R	A	A	E	S
J	K	G	C	F	M	Y	M	A	K	M	O	A	M	M	Z
R	N	X	É	D	R	J	A	H	A	M	E	W	I	C	A
O	S	A	I	S	K	X	N	C	D	I	T	Y	K	K	T
Y	Z	N	I	C	Z	I	J	E	C	H	E	Y	A	A	U
U	L	S	W	S	N	E	D	M	D	Z	M	M	Z	K	O
X	O	L	C	H	J	C	T	G	E	O	L	Ó	G	I	A
S	Z	O	C	I	O	L	Ó	G	I	A	T	N	G	B	G

ANATÓMIA
RÉGÉSZET
CSILLAGÁSZAT
BIOKÉMIA
BIOLÓGIA
KÉMIA
ÖKOLÓGIA
FIZIOLÓGIA
GEOLÓGIA
IMMUNOLÓGIA
MECHANIKA
METEOROLÓGIA
ÁSVÁNYTAN
NEUROLÓGIA
BOTANIKA
PSZICHOLÓGIA
ROBOTIKA
SZOCIOLÓGIA
TERMODINAMIKA

74 - Bijvoeglijke Naamwoorden

C	D	H	N	W	L	E	P	G	T	S	V	É	J	B	T
É	R	Z	I	A	M	Á	R	D	E	V	B	H	K	T	E
I	R	R	S	T	D	K	W	M	R	X	W	E	Ú	J	R
L	M	D	Z	D	E	B	Y	U	M	F	R	S	Ó	S	M
U	R	A	E	S	Ő	L	E	L	E	F	N	O	R	E	É
V	K	V	J	K	E	G	E	M	L	W	S	M	Í	G	S
T	B	Í	U	P	E	E	F	S	Ő	M	E	L	E	É	Z
E	Ü	T	V	R	I	S	N	Á	B	L	Y	Á	L	S	E
H	S	A	E	R	Ő	S	O	H	R	J	V	O	X	Z	T
E	Z	E	J	M	F	H	R	C	J	A	H	U	L	S	E
T	K	R	B	M	M	Z	M	O	F	T	D	H	M	É	S
S	E	K	J	E	S	S	Á	N	O	Z	O	T	D	G	A
É	T	B	J	F	A	T	L	P	O	S	M	X	R	E	P
G	J	Y	D	N	J	Y	D	V	F	I	V	B	C	S	T
E	T	R	J	Z	H	K	F	E	L	T	B	N	B	M	G
S	X	B	I	U	K	W	W	F	A	V	R	A	X	L	H

HITELES
TEHETSÉGES
LEÍRÓ
KREATÍV
DRÁMAI
EGÉSZSÉGES
ÉHES
ÉRDEKES
FÁRADT
TERMÉSZETES
ÚJ
NORMÁL
TERMELŐ
ÁLMOS
ERŐS
BÜSZKE
FELELŐS
VAD
SÓS
TISZTA

75 - Kleding

M	C	H	F	E	D	R	U	H	A	A	A	E	X	L	V
Ö	D	M	Ű	Y	T	Z	S	E	K	M	O	X	U	P	E
W	V	W	H	N	M	K	S	G	O	A	F	X	X	C	H
T	G	G	O	É	E	E	O	E	C	S	D	C	C	N	X
T	N	M	Ő	T	Ö	K	R	A	K	Z	I	X	L	Á	S
Z	E	X	P	Ö	P	F	K	Z	I	I	V	Z	E	L	E
S	O	J	I	K	U	O	Y	G	U	P	A	L	A	K	W
K	Z	K	C	I	L	U	P	B	T	S	T	Á	B	A	K
L	Y	G	N	D	Ó	A	E	X	I	T	Y	D	Y	Y	B
T	D	I	Y	I	V	R	G	Á	R	D	A	N	Y	N	Y
A	P	M	Z	S	E	J	C	B	A	O	B	A	I	C	S
U	C	A	M	V	R	D	Z	T	G	S	L	Z	J	T	V
E	W	P	V	N	I	K	C	I	N	G	Ú	S	Z	U	G
J	E	S	Z	O	K	N	Y	A	E	X	Z	Y	R	L	C
H	W	U	I	G	E	K	J	L	Y	N	V	H	A	N	H
H	I	P	C	W	I	L	M	J	N	L	T	J	H	D	B

KARKÖTŐ
BLÚZ
NADRÁG
KESZTYŰ
KALAP
KABÁT
DZSEKI
RUHA
NYAKLÁNC
DIVAT
PIZSAMA
ÖV
SZOKNYA
SZANDÁL
CIPŐ
KÖTÉNY
ING
SÁL
ZOKNI
PULÓVER

76 - Vliegtuigen

G	Ü	L	Y	Y	V	D	N	V	Y	C	B	U	D	P	T
H	Z	E	Y	C	M	B	T	T	M	N	I	T	H	E	Ö
V	E	G	X	T	J	R	M	U	R	X	B	I	U	É	R
C	M	É	T	K	I	W	G	P	I	L	Ó	T	A	G	T
W	A	N	A	K	I	Z	Ó	J	A	H	A	U	I	Z	É
F	N	Y	I	A	C	S	Á	L	L	Á	Z	S	E	L	N
R	Y	S	C	L	M	T	Z	M	L	E	V	E	G	Ő	E
L	A	É	N	A	H	O	G	Á	S	S	A	G	A	M	L
É	G	G	E	N	I	K	T	D	R	Ö	K	G	É	L	E
P	Y	R	L	D	D	O	E	O	K	M	N	F	M	C	M
Í	U	U	U	L	R	I	N	R	R	B	A	S	Y	W	F
T	X	Y	B	V	O	T	K	K	J	A	I	Z	N	K	V
É	T	G	R	C	G	B	B	T	Y	L	I	F	Á	W	W
S	A	T	U	Y	É	V	W	I	H	L	W	O	R	S	V
J	K	N	T	T	N	R	J	U	L	O	N	G	I	C	M
T	E	R	V	E	Z	É	S	O	T	N	D	G	S	M	E

SZÁRMAZÁS
LÉGKÖR
KALAND
BALLON
LEGÉNYSÉG
ÉPÍTÉS
ÜZEMANYAG
TÖRTÉNELEM
ÉG
MAGASSÁG
LESZÁLLÁS
LEVEGŐ
MOTOR
HAJÓZIK
TERVEZÉS
UTAS
PILÓTA
IRÁNY
TURBULENCIA
HIDROGÉN

77 - Herbalisme

M	V	O	R	W	L	D	T	E	R	O	P	A	K	T	I
I	E	I	R	J	F	L	B	C	O	Z	A	G	Z	B	Y
N	R	Z	R	E	M	B	C	H	Z	F	P	O	A	J	N
Ő	Ő	W	O	Á	G	B	O	C	M	Í	L	I	Y	L	É
S	V	I	F	C	G	Á	L	L	A	E	C	H	Z	E	M
É	E	H	L	A	F	W	N	T	R	K	N	E	Y	K	Ö
G	T	N	L	Y	G	X	P	Ó	I	A	H	Y	N	O	K
L	E	V	E	N	D	U	L	A	N	O	K	F	Á	M	S
V	Z	T	U	O	E	V	F	P	G	H	X	J	R	A	E
K	S	Ű	F	K	K	U	K	A	K	E	R	T	F	J	D
Z	S	T	S	R	B	L	U	E	R	U	F	J	Á	O	É
R	Ö	R	M	Á	E	A	D	C	L	S	X	X	S	R	O
Z	Z	N	Z	T	Z	L	A	A	R	O	M	Á	S	Á	P
P	E	T	R	E	Z	S	E	L	Y	E	M	E	I	N	E
F	O	K	H	A	G	Y	M	A	Z	Ö	L	D	Z	N	K
B	A	Z	S	A	L	I	K	O	M	U	B	H	E	A	M

AROMÁS
BAZSALIKOM
VIRÁG
KONYHAI
KAPOR
TÁRKONY
ZÖLD
ÖSSZETEVŐ
FOKHAGYMA
MINŐSÉG
LEVENDULA
MAJORÁNNA
OREGÁNÓ
PETREZSELYEM
ROZMARING
SÁFRÁNY
ÍZ
KAKUKKFŰ
KERT
ÉDESKÖMÉNY

78 - Kracht en Zwaartekracht

M	J	I	P	B	N	Y	O	M	Á	S	A	U	S	U	W
Á	D	I	N	A	M	I	K	U	S	G	D	R	É	T	K
G	G	T	P	L	R	X	O	Y	G	V	C	B	D	K	X
N	K	Ó	G	Y	L	O	B	P	A	L	T	E	E	C	Y
E	Y	O	J	W	G	L	Z	E	C	L	I	L	K	E	Z
S	N	N	G	K	X	X	W	F	T	N	O	P	Z	Ö	K
E	H	A	T	Á	S	Á	G	Z	O	M	C	P	S	G	B
S	T	K	F	S	S	E	M	E	T	E	Y	G	E	W	M
S	Á	I	W	I	E	N	S	Ú	L	Y	A	A	J	H	D
É	V	N	I	I	Z	B	O	X	V	M	I	P	R	D	P
G	O	A	I	D	Ő	I	E	D	T	E	N	G	E	L	Y
J	L	H	H	H	J	U	K	S	J	O	H	O	T	Y	M
O	S	C	E	E	O	H	B	A	S	A	Y	L	Á	P	P
N	Á	E	M	M	C	C	V	E	L	É	L	S	L	H	V
F	G	M	S	Ú	R	L	Ó	D	Á	S	G	U	O	C	K
H	F	E	L	F	E	D	E	Z	É	S	N	X	T	D	H

TÁVOLSÁG
TENGELY
PÁLYA
MOZGÁS
KÖZPONT
NYOMÁS
DINAMIKUS
TULAJDONSÁGOK
SÚLY
HATÁS

MÁGNESESSÉG
MECHANIKA
FIZIKA
FELFEDEZÉS
BOLYGÓK
SEBESSÉG
IDŐ
TERJESZKEDÉS
EGYETEMES
SÚRLÓDÁS

79 - Het Bedrijf

H	X	I	A	M	K	A	Z	S	G	W	X	E	B	F	D
R	A	N	L	E	H	E	T	Ő	S	É	G	U	V	P	Ö
A	N	L	O	A	D	V	J	S	Z	M	S	H	U	F	N
B	C	Á	A	A	Y	G	S	G	W	P	U	Ő	H	E	T
É	Z	R	Z	D	S	H	H	I	M	P	T	Z	N	E	É
R	W	E	R	S	Á	Z	Á	H	U	R	E	B	E	I	S
V	É	N	R	Í	H	S	K	U	M	H	X	P	O	K	M
B	T	E	A	K	O	C	K	Á	Z	A	T	O	K	R	K
E	E	G	P	P	Z	H	E	C	Y	H	V	W	H	E	C
G	J	V	I	W	S	F	D	E	H	K	T	S	F	A	G
Y	Z	Z	É	O	Y	K	N	Ü	Z	L	E	T	I	T	P
S	Á	T	A	T	U	M	E	B	H	O	X	S	G	Í	A
É	P	F	E	T	E	F	R	V	D	U	Z	I	I	V	D
G	V	U	T	G	W	L	T	G	L	O	B	Á	L	I	S
E	B	I	N	N	O	V	A	T	Í	V	P	A	K	B	B
K	T	T	E	R	M	É	K	F	M	V	Y	A	Y	J	M

DÖNTÉS
KREATÍV
EGYSÉGEK
GENERÁLNI
GLOBÁLIS
IPAR
BEVÉTEL
INNOVATÍV
BERUHÁZÁS
MINŐSÉG
BÉR
LEHETŐSÉG
BEMUTATÁS
TERMÉK
SZAKMAI
HÍRNÉV
KOCKÁZATOK
TRENDEK
HALADÁS
ÜZLETI

80 - Rijden

F	D	C	G	U	V	S	F	T	É	R	K	É	P	M	U
M	É	W	H	T	E	E	O	W	Y	A	B	D	H	O	G
P	O	K	R	C	S	B	R	O	G	P	C	F	B	T	I
U	P	K	E	A	Z	E	G	C	H	Z	A	Z	X	O	M
L	C	H	S	K	É	S	A	T	N	B	M	M	N	R	U
A	W	W	B	V	L	S	L	L	V	A	Ú	F	G	K	I
T	P	X	R	O	Y	É	O	F	T	L	X	T	A	E	B
T	M	L	E	T	S	G	M	B	S	E	H	D	Y	R	V
N	J	V	N	O	I	M	A	K	E	S	S	L	N	É	X
U	U	I	D	G	A	X	R	Ó	H	E	K	X	A	K	W
O	F	D	Ő	Y	E	M	G	T	W	T	A	S	M	P	F
Y	M	K	R	J	Y	G	C	U	U	K	G	Z	E	Á	X
V	O	S	S	O	G	O	L	A	Y	G	G	Á	Z	R	B
X	T	V	É	A	L	A	G	Ú	T	A	Z	R	Ü	Z	I
Y	O	P	G	Á	S	N	O	T	Z	I	B	A	V	F	G
U	R	E	N	G	E	D	É	L	Y	X	G	G	W	L	O

AUTÓ
ÜZEMANYAG
GARÁZS
GÁZ
VESZÉLY
TÉRKÉP
ENGEDÉLY
MOTOR
MOTORKERÉKPÁR
BALESET

RENDŐRSÉG
FÉKEK
SEBESSÉG
UTCA
ALAGÚT
BIZTONSÁG
FORGALOM
GYALOGOS
KAMION
ÚT

81 - Wetenschap

R	F	G	R	A	V	I	T	Á	C	I	Ó	T	F	G	G
É	O	S	Z	E	R	V	E	Z	E	T	S	X	D	G	T
S	S	I	Z	É	T	O	P	I	H	A	O	G	L	L	H
Z	S	K	É	M	I	A	I	M	R	D	B	Z	T	A	B
E	Z	L	Y	Z	M	J	F	Z	A	A	F	Y	U	B	B
C	I	T	E	Z	S	É	M	R	E	T	E	O	D	O	E
S	L	H	Y	N	É	T	U	S	K	W	O	T	Ó	R	V
K	I	Y	K	Á	L	U	K	E	L	O	M	M	S	A	O
É	S	U	E	I	E	F	M	É	J	T	Y	X	C	T	L
K	O	I	Y	P	Y	Y	H	Ó	G	L	F	K	O	Ó	Ú
D	J	N	N	I	G	O	P	O	D	H	X	Y	S	R	C
V	P	I	É	A	I	P	R	C	H	S	A	I	D	I	I
A	Z	V	V	D	F	I	Z	I	K	A	Z	J	G	U	Ó
B	R	F	Ö	H	G	I	E	D	O	A	M	E	L	M	G
F	B	K	N	T	E	K	D	B	W	B	N	G	R	A	X
T	D	E	E	I	M	K	Í	S	É	R	L	E	T	M	T

ATOM
KÉMIAI
RÉSZECSKÉK
EVOLÚCIÓ
KÍSÉRLET
TÉNY
FOSSZILIS
ADAT
HIPOTÉZIS
ÉGHAJLAT
LABORATÓRIUM
MÓDSZER
MOLEKULÁK
TERMÉSZET
FIZIKA
MEGFIGYELÉS
SZERVEZET
NÖVÉNYEK
TUDÓS
GRAVITÁCIÓ

82 - Natuurkunde

M	E	C	H	A	N	I	K	A	T	J	G	E	I	B	E
V	Z	C	D	H	K	P	B	B	Ö	P	R	G	L	J	L
W	L	R	N	D	N	M	K	Z	M	C	A	Y	S	A	E
O	N	X	U	V	I	B	O	O	E	A	V	E	L	P	K
S	B	M	J	U	T	Z	N	T	G	E	I	T	G	M	T
F	R	E	K	V	E	N	C	I	A	K	T	E	X	Á	R
S	X	P	V	W	L	S	U	R	G	S	Á	M	M	G	O
G	Á	Z	U	U	P	Z	Ű	F	Y	C	C	E	O	N	N
É	B	L	E	B	É	H	J	R	Y	E	I	S	L	E	G
S	P	W	U	H	K	N	T	C	Ű	Z	Ó	P	E	S	M
S	H	F	E	S	G	H	M	S	Z	S	O	Á	K	E	O
E	G	T	E	L	R	É	S	Í	K	É	É	C	U	S	T
B	M	E	X	W	H	O	V	X	F	R	X	G	L	S	O
E	K	É	M	I	A	I	Y	B	K	R	D	A	A	É	R
S	E	Y	G	U	U	W	G	G	Y	E	P	Z	B	G	R
R	E	L	A	T	I	V	I	T	Á	S	B	C	U	A	W

ATOM
KÁOSZ
KÉMIAI
RÉSZECSKE
SŰRŰSÉG
ELEKTRON
KÍSÉRLET
KÉPLET
FREKVENCIA
GÁZ
MÁGNESESSÉG
TÖMEG
MECHANIKA
MOLEKULA
MOTOR
RELATIVITÁS
SEBESSÉG
EGYETEMES
GYORSULÁS
GRAVITÁCIÓ

83 - Muziekinstrumenten

O	X	C	L	H	M	S	B	F	U	V	O	L	A	A	H
P	M	Z	R	E	A	N	O	S	R	A	H	G	Y	A	A
C	Z	I	W	I	A	R	O	G	N	O	Z	T	I	F	R
L	J	X	J	Z	Z	W	M	H	K	B	S	R	X	P	A
A	F	J	J	O	W	D	N	O	O	O	K	E	H	P	N
I	Z	N	E	H	W	O	A	O	N	T	H	G	K	X	G
F	P	O	U	H	G	B	B	T	G	I	V	E	J	J	J
S	L	F	T	L	Á	J	U	T	R	B	K	Z	U	E	Á
K	V	O	R	Z	Z	R	G	O	Á	O	O	A	I	L	T
A	Ó	X	Y	P	C	B	F	G	T	D	M	A	K	I	É
K	L	A	R	I	N	É	T	A	I	Ő	S	B	O	D	K
I	L	Z	G	Y	M	G	M	F	G	G	F	M	I	M	M
G	E	S	H	E	G	E	D	Ű	N	R	J	I	F	T	E
Ó	S	Z	D	N	E	B	V	E	O	Ö	I	R	E	B	A
O	C	U	P	D	Z	E	F	I	G	S	C	A	R	G	J
M	A	N	D	O	L	I	N	F	U	C	S	M	I	A	Y

BENDZSÓ
CSELLÓ
FAGOTT
FUVOLA
GITÁR
GONG
HÁRFA
OBOA
KLARINÉT
HARANGJÁTÉK
MANDOLIN
MARIMBA
HARMONIKA
ZONGORA
SZAXOFON
CSÖRGŐDOB
HARSONA
DOB
TROMBITA
HEGEDŰ

84 - Antiek

M	J	H	Á	X	D	U	O	W	M	J	X	I	E	U	N
Ű	L	E	R	O	B	O	Z	S	H	U	J	A	Z	D	B
V	I	L	V	L	P	M	C	S	H	J	L	P	M	E	T
É	U	Y	E	N	M	K	J	F	O	Z	S	P	W	S	L
S	G	R	R	G	Z	K	V	Í	T	A	R	O	K	E	D
Z	T	E	É	S	T	Í	L	U	S	N	Á	G	E	L	E
E	B	Á	S	K	U	I	G	G	P	Z	N	O	Y	J	W
T	E	L	D	M	G	Y	Ű	J	T	Ő	S	E	N	O	F
K	R	L	A	I	R	É	L	A	G	É	R	M	É	K	D
Á	U	Í	Z	N	A	L	T	A	K	O	Z	S	M	R	C
R	H	T	Á	Ő	Z	D	J	E	G	K	R	O	T	Ú	B
S	Á	Á	Z	S	E	L	E	T	I	H	É	I	S	E	U
X	Z	S	S	É	M	N	Z	M	G	Y	R	N	E	C	H
F	Á	X	C	G	Z	K	T	C	É	T	T	M	F	S	P
A	S	Z	B	X	C	Y	R	B	R	K	É	K	T	W	A
S	D	P	D	O	O	Z	J	C	K	H	K	L	X	S	Z

HITELES
SZOBOR
DEKORATÍV
SZÁZAD
ELEGÁNS
GALÉRIA
BERUHÁZÁS
MŰVÉSZET
MINŐSÉG
BÚTOR
ÉRMÉK
SZOKATLAN
RÉGI
ÁR
HELYREÁLLÍTÁS
FESTMÉNYEK
STÍLUS
ÁRVERÉS
GYŰJTŐ
ÉRTÉK

85 - Activiteiten en Vrije Ti

P	W	M	Ű	V	É	S	Z	E	T	L	L	B	X	T	F
U	J	Z	I	R	U	G	I	T	N	O	L	F	V	E	U
A	V	K	X	V	E	R	S	E	N	Y	A	P	A	N	T
D	N	Z	O	D	V	V	F	X	V	L	B	F	S	I	B
B	S	É	D	E	K	Z	S	É	T	R	E	K	K	S	A
A	É	A	E	U	F	P	T	S	Á	Z	S	Ú	E	Z	L
L	Z	B	I	V	V	U	I	Ú	R	G	A	H	M	S	L
R	Ö	P	L	A	B	D	A	H	R	U	B	K	P	K	V
Á	F	I	L	X	U	R	T	A	E	Á	A	G	I	O	Y
S	R	V	H	R	Z	Z	D	L	H	N	Z	C	N	B	O
O	Ö	H	A	L	Á	S	Z	A	T	O	T	Á	G	J	U
K	Z	F	E	S	T	M	É	N	Y	L	B	E	S	W	T
Y	S	Á	D	O	K	R	Á	V	Ú	B	S	B	T	J	A
B	S	C	J	Y	V	F	W	T	R	S	N	D	I	Ő	Z
P	S	T	C	H	L	O	B	L	C	M	J	L	T	K	Á
R	I	R	I	J	N	G	O	L	F	H	O	U	D	E	S

KOSÁRLABDA
BOKSZ
BÚVÁRKODÁS
GOLF
HALÁSZAT
HOBBI
BASEBALL
KEMPING
MŰVÉSZET
PIHENTETŐ
VERSENY
UTAZÁS
FESTMÉNY
SZÖRFÖZÉS
TENISZ
KERTÉSZKEDÉS
FUTBALL
RÖPLABDA
TÚRÁZÁS
ÚSZÁS

86 - Water

H	R	O	E	N	U	G	Z	T	P	G	T	I	Z	Z	A
V	Y	G	M	L	D	Ó	Y	L	O	F	Ö	G	W	U	S
Z	O	A	Z	M	H	S	C	T	F	H	N	T	I	H	O
J	P	T	I	O	C	E	N	E	S	R	T	T	S	A	S
L	G	Á	O	H	L	V	J	G	Á	K	Ö	F	Á	N	H
G	A	A	R	A	I	D	P	O	Y	N	Z	Ő	G	Y	U
I	M	R	H	A	G	E	J	Z	Í	R	É	I	L	I	R
K	O	I	Y	U	T	N	H	N	U	Z	S	N	O	M	R
U	H	E	E	C	L	A	Ó	E	Z	Í	Y	G	R	V	I
T	Ó	S	Y	B	J	L	R	X	G	V	Z	R	Á	K	K
V	S	Ő	N	Z	W	M	Á	T	F	R	W	F	P	V	Á
C	S	A	T	O	R	N	A	M	A	Á	C	F	S	K	N
T	Y	R	B	J	E	S	S	X	O	L	F	A	G	Y	S
N	E	D	V	E	S	S	É	G	Y	K	O	M	N	X	A
A	T	U	X	J	É	G	S	E	R	Y	J	M	U	S	Y
H	N	R	L	I	B	E	B	R	R	A	F	P	F	B	M

ZUHANY
GEJZÍR
HULLÁMOK
JÉG
ÖNTÖZÉS
CSATORNA
TÓ
MONSZUN
ÓCEÁN
HURRIKÁN
ÁRVÍZ
ESŐ
FOLYÓ
HÓ
GŐZ
PÁROLGÁS
NEDVESSÉG
NEDVES
PÁRATARTALOM
FAGY

87 - Koffie

Z	K	R	O	K	U	C	O	H	C	J	N	K	O	X	H
I	C	T	E	D	E	R	E	S	X	T	P	K	U	E	N
M	M	S	T	G	M	Á	R	Z	X	X	T	Y	A	S	C
S	A	Z	E	W	G	N	E	L	F	G	G	U	W	U	M
E	U	G	K	L	N	E	H	F	Y	D	R	G	V	T	N
S	N	J	E	J	V	T	L	Ö	K	R	Ö	P	N	E	T
W	I	A	F	P	X	C	F	P	M	T	E	P	A	J	M
C	Y	F	E	J	C	M	S	M	L	J	T	J	M	E	J
E	F	I	L	C	H	D	K	É	D	A	Y	L	O	F	B
I	S	Z	Ű	R	Ő	U	M	R	S	L	Ű	P	R	U	O
G	T	Y	Z	Y	O	E	X	K	A	Z	R	Z	A	W	P
K	W	A	K	D	A	G	X	Í	V	Í	E	O	I	J	F
T	W	L	L	I	R	H	A	Z	A	V	S	L	F	Y	L
K	O	F	F	E	I	N	B	F	S	T	E	I	K	B	X
T	O	Z	D	A	R	Á	L	U	T	Z	K	C	R	W	G
C	I	U	W	Y	F	G	F	A	J	T	A	S	F	D	G

AROMA
CSÉSZE
KESERŰ
KOFFEIN
ITAL
SZŰRŐ
PÖRKÖLT
DARÁL
TEJ
REGGEL

EREDET
ÁR
KRÉM
ÍZ
CUKOR
FAJTA
FOLYADÉK
VÍZ
SAVAS
FEKETE

88 - Schaken

J	N	S	W	M	P	G	R	N	G	S	O	K	O	F	E
S	X	J	S	K	A	K	Z	Z	A	Ó	V	I	G	I	L
D	K	C	N	F	S	O	Ő	N	Y	L	Á	R	I	K	L
A	I	A	S	F	S	K	K	U	D	T	Z	Á	P	U	E
U	H	K	G	A	Z	A	W	H	F	Á	D	L	O	D	N
T	Í	B	D	J	Í	G	Ő	N	P	U	V	Y	N	G	F
O	V	I	J	B	V	Á	L	D	O	Z	A	T	T	S	É
R	Á	J	Á	T	É	K	O	S	I	R	C	X	O	T	L
N	S	V	E	R	S	E	N	Y	J	T	W	K	K	R	B
A	O	D	R	H	Y	L	P	Y	H	D	I	K	J	A	I
V	K	E	T	E	K	E	F	X	J	K	D	W	L	T	O
Y	B	A	K	Y	V	É	J	O	Z	D	O	X	L	É	O
F	E	H	É	R	X	T	T	A	N	U	L	N	I	G	M
N	R	L	D	S	Z	A	B	Á	L	Y	O	K	J	I	N
S	M	F	S	T	I	P	H	S	J	X	E	M	I	A	C
W	W	R	T	Z	J	R	V	W	A	A	X	R	V	H	B

ÁTLÓS
BAJNOK
KIRÁLY
KIRÁLYNŐ
TANULNI
ÁLDOZAT
PASSZÍV
PONTOK
SZABÁLYOK
OKOS

JÁTÉK
JÁTÉKOS
STRATÉGIA
ELLENFÉL
IDŐ
TORNA
KIHÍVÁSOK
VERSENY
FEHÉR
FEKETE

89 - Boerderij #1

K	G	N	O	V	Í	Z	T	W	B	P	V	B	H	S	U
Z	E	L	G	U	A	E	R	C	Ő	G	R	M	É	H	J
A	Z	C	Á	E	R	S	Á	S	Z	I	R	G	I	N	P
T	E	N	S	T	I	S	G	I	E	O	Á	V	V	W	I
X	E	H	A	K	A	J	Y	R	M	J	M	B	L	W	F
W	V	T	D	F	E	G	A	K	K	Y	A	O	R	K	J
P	Y	O	Z	D	Z	N	A	E	E	F	Z	V	I	E	N
I	X	M	A	T	O	R	Y	U	Z	D	S	Z	R	R	D
N	A	E	G	W	L	K	T	Á	S	Z	É	N	A	Í	N
K	K	A	Ő	P	H	Ó	U	G	J	T	O	G	B	T	X
H	F	O	Z	Y	D	R	K	M	A	C	S	K	A	É	T
D	W	K	E	T	E	H	É	N	B	Y	J	W	U	S	Y
H	T	S	M	O	C	U	J	M	A	G	O	K	X	G	L
T	M	E	T	W	K	V	H	K	J	O	Z	I	T	E	N
B	O	R	J	Ú	J	R	A	V	N	E	M	U	B	I	J
E	I	O	T	V	M	J	M	É	Z	K	D	X	K	R	L

MÉH
SZAMÁR
KECSKE
KERÍTÉS
KUTYA
MÉZ
SZÉNA
BORJÚ
MACSKA
CSIRKE
TEHÉN
VARJÚ
NYÁJ
MEZŐGAZDASÁG
TRÁGYA
LÓ
RIZS
MEZŐ
VÍZ
MAGOK

90 - Huis

Y	Ű	H	Á	L	Ó	S	Z	O	B	A	T	E	T	Ő	R
K	E	R	Í	T	É	S	P	U	R	P	T	H	R	U	M
V	T	S	P	S	G	P	S	B	K	M	E	V	E	Y	X
F	O	R	F	E	T	H	J	A	S	Á	Z	S	K	B	X
S	Z	O	B	A	S	Ü	G	J	T	L	E	D	J	E	O
A	J	T	Ó	P	J	G	K	K	O	N	Y	H	A	G	K
B	V	Ú	R	K	P	B	D	Ö	S	G	N	S	O	U	É
N	K	B	U	Z	A	R	H	O	R	A	N	N	W	P	M
H	Z	K	J	C	S	N	A	J	N	R	E	F	V	D	É
P	U	L	T	H	P	S	D	U	O	Á	M	A	W	S	N
P	I	N	C	E	W	V	T	A	K	Z	C	L	V	Z	Y
Y	Y	R	W	N	O	X	L	G	L	S	X	D	B	Ő	Z
S	C	E	H	K	D	Y	Y	A	B	L	S	A	S	N	Y
K	Ö	N	Y	V	T	Á	R	P	H	I	Ó	V	C	Y	T
K	G	R	O	V	C	H	W	T	O	J	H	R	M	E	A
I	X	R	U	M	M	F	J	Z	U	H	A	N	Y	G	I

SEPRŰ
KÖNYVTÁR
TETŐ
AJTÓ
ZUHANY
GARÁZS
KANDALLÓ
KERÍTÉS
SZOBA
PINCE
KONYHA
LÁMPA
BÚTOR
FAL
MENNYEZET
KÉMÉNY
HÁLÓSZOBA
TÜKÖR
SZŐNYEG
KERT

91 - Geometrie

V	Í	Z	S	Z	I	N	T	E	S	W	M	L	D	B	L
Í	M	N	Á	I	D	E	M	K	M	M	G	O	I	L	X
T	K	G	T	E	L	É	M	L	E	C	Y	G	M	E	H
D	Z	J	Í	S	Z	M	G	R	R	F	W	I	E	C	F
Y	X	R	M	W	B	F	T	B	Ő	Ö	L	K	N	J	E
C	J	N	Á	B	I	P	Z	S	L	U	K	A	Z	K	L
M	B	I	Z	Y	U	S	P	O	E	G	I	W	I	Z	Ü
Y	R	N	S	S	D	V	J	M	G	A	T	M	Ó	R	L
E	G	Y	E	N	L	E	T	A	E	C	I	Ő	I	U	E
N	F	A	R	E	K	G	Ö	Z	S	M	O	R	Á	H	T
W	O	Z	J	M	L	D	D	U	J	Z	J	É	I	C	C
T	B	K	A	G	V	Z	I	H	O	J	F	M	Z	C	J
D	Ö	P	S	E	W	G	J	R	P	U	F	T	S	T	D
L	D	M	A	Z	W	G	W	Á	X	G	U	Á	U	W	H
G	I	V	E	S	Ö	M	E	P	J	I	V	Y	X	T	F
P	D	I	B	G	G	G	M	A	G	A	S	S	Á	G	Z

SZÁMÍTÁS
KÖR
ÍV
ÁTMÉRŐ
DIMENZIÓ
HÁROMSZÖG
SZÖG
MAGASSÁG
VÍZSZINTES
LOGIKA
MERŐLEGES
TÖMEG
MEDIÁN
FELÜLET
PÁRHUZAMOS
SZEGMENS
ELMÉLET
EGYENLET

92 - Jazz

H	Í	R	E	S	P	A	T	I	H	U	X	O	V	K	Y
Y	S	R	S	U	M	T	I	R	G	D	I	Ó	J	T	Z
C	R	O	T	T	Z	P	D	G	H	U	I	I	O	D	P
K	F	S	Í	B	E	E	R	I	É	Y	J	C	H	P	M
D	J	J	L	A	D	H	N	L	K	R	J	Á	V	R	I
T	I	T	U	W	V	A	E	E	N	E	Z	Z	V	M	J
W	L	T	S	W	A	L	K	T	S	W	G	I	O	Ű	E
P	T	A	L	B	M	B	E	É	S	Z	N	V	W	F	K
I	N	K	S	J	T	U	D	T	J	É	E	O	L	A	O
U	B	I	W	M	D	M	V	E	W	K	G	R	F	J	N
Z	E	N	E	K	A	R	E	Z	K	J	D	P	Z	Ú	C
S	R	H	C	J	L	F	N	S	M	R	W	M	L	Ő	E
É	D	C	J	R	H	E	C	S	F	R	H	I	B	F	R
V	I	E	J	S	W	V	E	Ö	K	Z	H	Z	D	X	T
Ű	A	T	F	X	E	U	K	H	A	N	G	S	Ú	L	Y
M	C	G	O	G	U	S	E	E	U	Y	M	M	S	X	A

ALBUM
TAPS
MŰVÉSZ
HÍRES
ZENESZERZŐ
KONCERT
KEDVENCEK
MŰFAJ
IMPROVIZÁCIÓ
DAL
ZENE
HANGSÚLY
ÚJ
ZENEKAR
RÉGI
RITMUS
ÖSSZETÉTEL
STÍLUS
TEHETSÉG
TECHNIKA

93 - Getallen

K	I	L	E	N	C	B	C	Ö	F	Y	V	A	R	L	T
B	A	O	R	T	E	G	Y	K	T	G	T	T	W	H	R
A	E	D	I	I	X	Ő	C	M	X	É	É	V	K	K	K
U	N	Y	C	Z	N	T	I	Z	E	N	H	A	T	A	R
N	É	G	Y	E	Y	T	I	Z	E	N	N	Y	O	L	C
H	B	I	H	N	O	E	É	E	P	E	E	F	P	L	U
A	R	I	Ú	K	L	K	R	H	J	Z	Z	E	P	U	U
T	S	B	S	E	C	C	L	N	U	I	I	C	U	N	T
Z	K	P	Z	T	G	A	F	T	X	T	T	M	A	U	J
N	C	Z	V	T	H	L	F	X	I	Z	V	H	U	O	S
F	G	G	Z	Ő	E	L	F	X	I	Z	Z	Y	R	V	I
T	I	Z	E	N	K	I	L	E	N	C	E	C	A	K	Y
T	Í	Z	K	J	J	J	S	A	T	Z	T	N	H	M	U
U	S	L	T	L	C	H	B	I	Y	B	S	K	Ö	T	F
T	I	Z	E	N	H	Á	R	O	M	O	R	Á	H	T	N
Z	R	P	E	X	P	D	T	C	N	T	B	Z	A	L	Y

NYOLC
TIZENNYOLC
TIZENHÁROM
HÁROM
EGY
KILENC
TIZENKILENC
NULLA
TÍZ
TIZENKETTŐ
KETTŐ
HÚSZ
TIZENNÉGY
NÉGY
ÖT
TIZENÖT
HAT
TIZENHAT
HÉT
TIZENHÉT

94 - Boksen

U	K	F	E	L	É	P	Ü	L	É	S	H	C	M	K	K
P	I	E	A	Ö	W	Y	T	E	Z	O	X	A	H	Ö	W
R	M	M	X	K	T	I	H	H	L	R	Ő	F	V	T	G
L	E	F	S	Ö	D	E	A	J	W	L	T	B	G	E	Y
A	R	A	O	R	F	H	R	B	V	F	E	L	V	L	O
J	Ü	G	M	L	F	U	C	Ő	H	L	Z	N	B	E	R
Z	L	R	T	V	A	K	O	R	A	S	E	E	F	K	S
S	T	J	Ű	Y	T	Z	S	E	K	Y	V	T	Y	É	Y
U	K	G	Z	U	L	T	Á	K	E	S	K	W	E	A	L
K	É	S	Z	S	É	G	G	M	S	Y	É	M	D	S	D
Ó	O	D	I	P	A	H	Ú	K	É	U	T	N	V	G	T
F	Á	T	T	F	A	P	R	Ö	L	S	Á	I	K	P	H
F	L	J	N	M	Z	D	L	N	Ü	M	J	Z	H	X	V
M	L	H	K	O	S	G	O	Y	R	H	A	R	A	N	G
H	M	O	H	M	P	W	Y	Ö	É	S	U	D	Z	O	W
Z	M	X	H	R	E	I	Y	K	S	H	O	K	E	S	Y

KÖNYÖK
FÓKUSZ
KESZTYŰ
FELÉPÜLÉS
SAROK
ÁLL
HARANG
ERŐ
TEST
PONTOK
JÁTÉKVEZETŐ
RÚGÁS
GYORS
ELLENFÉL
KÖTELEK
KIMERÜLT
KÉSZSÉG
HARCOS
SÉRÜLÉSEK
ÖKÖL

95 - Boerderij #2

Ö	T	E	Y	O	Z	J	R	Z	L	B	V	O	M	G	T
Y	N	I	U	L	S	G	R	W	J	Z	A	C	D	Y	U
J	E	T	É	R	P	L	Y	T	H	J	M	O	O	Ü	N
B	R	A	Ö	G	Z	S	Á	O	S	D	D	O	N	M	F
Y	N	C	S	Z	U	R	C	M	T	M	J	Y	X	Ö	X
C	N	I	Y	N	É	V	Ö	N	A	S	C	A	K	L	R
B	A	R	N	E	M	S	C	L	Ö	M	Ü	Y	G	C	G
W	S	O	Á	R	É	M	O	L	A	M	L	É	Z	S	A
Y	E	K	R	Y	H	W	O	N	Y	R	O	J	F	Ö	Z
C	T	U	Á	K	K	T	D	J	S	Á	D	R	J	S	D
P	A	K	B	C	A	Z	Ú	B	A	L	P	O	X	V	A
G	I	S	O	O	S	T	X	P	W	L	V	T	T	X	J
P	D	U	X	A	E	M	J	Z	T	A	J	Z	I	E	D
B	Y	Z	E	O	A	O	C	A	D	T	U	S	V	X	E
T	R	A	K	T	O	R	R	W	P	O	H	Á	R	P	A
K	L	L	K	U	O	D	Z	I	U	K	A	P	C	V	I

MÉHKAS
GAZDA
GYÜMÖLCSÖS
ÁLLATOK
KACSA
GYÜMÖLCS
ÁRPA
NÖVÉNYI
PÁSZTOR
ÖNTÖZÉS
BÁRÁNY
LÁMA
KUKORICA
TEJ
JUH
PAJTA
BÚZA
TRAKTOR
RÉT
SZÉLMALOM

96 - Psychologie

P	P	R	O	B	L	É	M	A	H	R	S	P	V	V	R
K	S	O	S	É	C	M	X	L	U	X	Z	K	E	I	U
H	I	K	N	K	N	Á	L	M	O	K	E	B	R	S	É
H	F	K	E	S	E	A	H	C	M	S	M	I	V	E	R
G	P	E	L	X	K	M	V	X	I	Z	É	T	A	L	T
B	A	M	T	U	O	J	L	P	D	R	L	S	L	K	É
S	É	R	E	M	S	I	G	E	M	E	Y	Z	Ó	E	K
É	D	E	L	Z	Á	K	E	T	Z	O	I	E	S	D	E
L	F	Y	É	X	Y	L	M	E	D	R	S	N	Á	É	L
E	C	G	M	F	L	I	L	R	X	T	É	Z	G	S	É
L	C	V	Z	C	O	N	É	Á	B	C	G	Á	U	T	S
Z	K	T	S	Z	F	I	K	P	O	B	W	C	J	Z	U
S	B	U	E	U	E	K	E	I	D	S	V	I	D	I	F
É	T	C	P	A	B	A	K	A	Z	B	E	Ó	K	X	B
I	I	S	U	T	K	I	L	F	N	O	K	W	X	T	L
T	A	P	A	S	Z	T	A	L	A	T	O	K	Y	O	U

ÉRTÉKELÉS
ESZMÉLETLEN
MEGISMERÉS
KONFLIKTUS
ÁLMOK
ÉN
ÉRZELMEK
TAPASZTALATOK
VISELKEDÉS
SZENZÁCIÓ
EMLÉKEK
BEFOLYÁSOK
GYERMEKKOR
KLINIKAI
ÉSZLELÉS
SZEMÉLYISÉG
PROBLÉMA
VALÓSÁG
TERÁPIA

97 - Zakelijk

N	K	V	D	H	V	O	K	G	B	J	M	K	K	I	G
Y	Ö	Á	C	H	B	G	T	N	E	Ö	U	A	A	G	Y
E	L	L	A	D	O	R	I	A	R	V	N	P	R	V	Á
R	T	L	D	D	M	R	L	F	U	E	K	Y	R	K	R
E	S	A	Ó	E	S	J	G	N	H	D	Á	O	I	E	K
S	É	L	K	K	L	W	V	L	Á	E	L	A	E	D	Ö
É	G	A	T	U	L	A	V	W	Z	L	T	Ó	R	V	L
G	G	T	C	E	O	O	D	V	Á	E	A	I	P	E	T
Y	G	W	E	Y	K	J	Z	Á	S	M	T	C	É	Z	S
P	K	I	E	L	R	C	F	M	S	X	Ó	K	N	M	É
Y	É	T	T	O	Z	A	M	L	A	K	L	A	Z	É	G
Z	U	N	H	F	Y	Ü	F	R	B	Ö	N	Z	M	N	V
L	Z	T	Z	U	G	P	E	Y	Y	N	M	N	U	Y	E
W	V	T	O	Ü	E	G	E	A	A	Ő	D	A	N	T	T
E	E	N	V	F	G	F	M	F	K	F	T	R	D	T	É
T	K	A	D	V	Z	Y	H	V	C	G	Z	T	D	H	S

FŐNÖK
VÁLLALAT
KÖLTSÉGVETÉS
ADÓK
KARRIER
GYÁR
PÉNZÜGY
PÉNZ
JÖVEDELEM
BERUHÁZÁS
IRODA
KEDVEZMÉNY
KÖLTSÉG
TRANZAKCIÓ
VALUTA
ELADÁS
MUNKÁLTATÓ
ALKALMAZOTT
ÜZLET
NYERESÉG

98 - Voeding

Z	P	L	T	F	E	R	J	E	S	Z	T	É	S	J	K
D	T	E	K	O	T	Á	R	D	I	H	N	É	Z	S	V
A	H	X	M	L	M	A	D	R	H	K	I	E	Í	É	O
V	S	S	C	Y	L	Ú	S	I	K	F	X	H	T	T	É
G	A	Y	N	A	P	Á	T	U	É	H	O	E	J	Z	T
Z	R	C	D	D	L	I	J	K	C	T	T	T	R	S	V
I	H	P	G	É	S	Z	S	É	G	E	A	Ő	S	É	Á
K	K	O	M	K	H	G	H	J	É	A	S	W	E	M	G
D	J	K	G	O	V	E	F	R	S	F	K	F	G	E	Y
V	I	M	K	K	C	E	E	É	Ő	N	L	U	É	D	K
F	I	N	J	A	V	J	K	H	N	K	B	B	S	Y	E
O	G	T	V	I	L	Z	J	E	I	F	H	P	Z	M	S
H	J	H	A	G	O	Ó	W	F	M	S	Z	Ó	S	Z	E
D	C	J	S	M	K	E	R	E	Z	S	Ű	F	É	R	R
H	J	O	I	B	I	E	H	I	I	K	X	Y	G	E	Ű
H	P	C	G	X	T	N	M	N	A	C	S	C	E	K	N

KESERŰ
KALÓRIA
DIÉTA
EHETŐ
ÉTVÁGY
FEHÉRJÉK
ERJESZTÉS
SÚLY
EGÉSZSÉGES
EGÉSZSÉG

SZÉNHIDRÁTOK
MINŐSÉG
SZÓSZ
ÍZ
FŰSZEREK
EMÉSZTÉS
TOXIN
VITAMIN
FOLYADÉKOK
TÁPANYAG

99 - Chemie

S	H	M	T	F	R	A	F	L	I	S	N	S	Z	E	S
Z	E	I	K	R	R	T	U	M	A	E	W	F	H	L	Z
E	L	Z	D	O	X	U	X	C	A	F	A	Y	P	E	É
R	W	N	I	R	D	F	C	G	T	M	B	M	O	K	N
V	Ó	E	P	S	O	G	Ú	L	O	U	K	D	Y	T	O
E	Y	L	Ú	S	N	G	K	V	L	K	S	D	D	R	I
S	U	D	K	R	L	K	É	D	A	Y	L	O	F	O	S
L	I	T	B	D	R	E	Y	N	T	D	Y	T	H	N	A
K	A	T	A	L	I	Z	Á	T	O	R	E	S	X	É	V
M	Y	T	B	B	G	L	Á	M	K	O	F	N	T	G	V
L	A	Z	J	N	X	O	C	G	R	E	A	K	C	I	Ó
W	I	E	C	N	I	X	V	T	H	Ő	E	E	W	X	S
H	Ő	M	É	R	S	É	K	L	E	T	F	M	I	O	J
D	L	F	P	D	L	J	T	H	U	Y	X	É	K	J	R
X	U	M	N	D	Y	H	D	S	V	S	I	F	T	J	D
N	K	M	O	L	E	K	U	L	A	L	X	O	U	B	D

LÚGOS
KLÓR
ELEKTRON
ENZIM
GÁZ
SÚLY
ION
KATALIZÁTOR
SZÉN
FÉMEK
MOLEKULA
SZERVES
REAKCIÓ
HŐMÉRSÉKLET
FOLYADÉK
HŐ
HIDROGÉN
SÓ
SAV
OXIGÉN

1 - Metingen

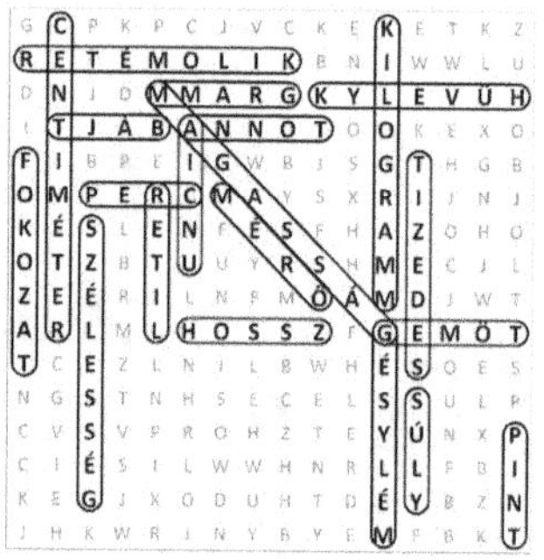

2 - Opwarming van de Aarde

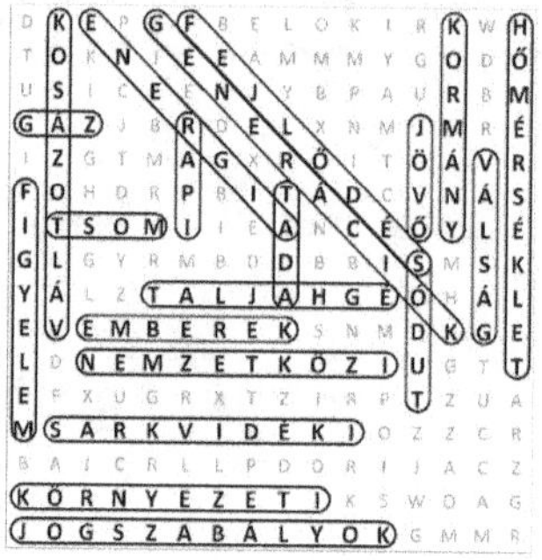

3 - Keuken

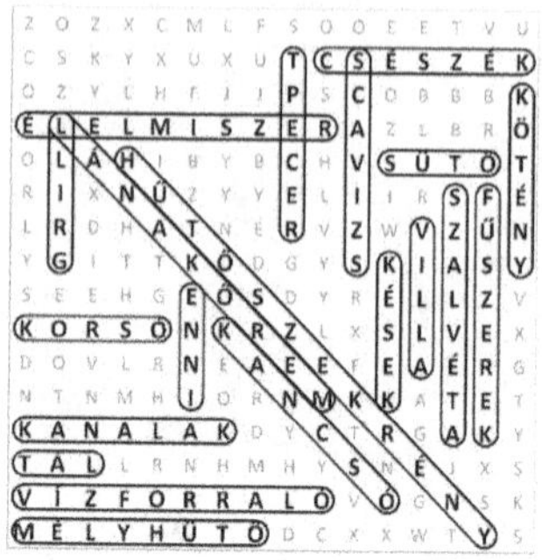

4 - Boten

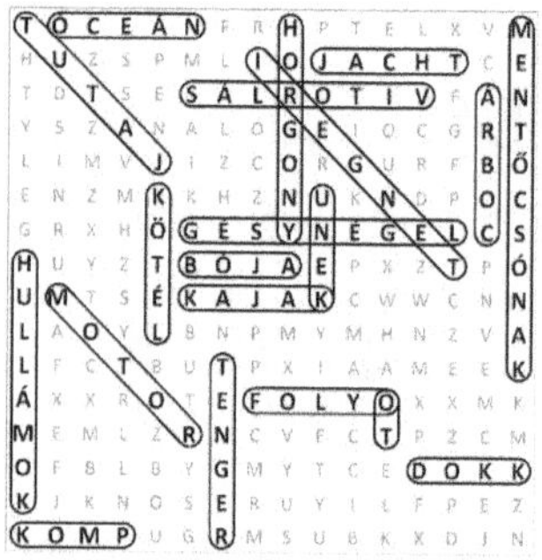

5 - Chocolade

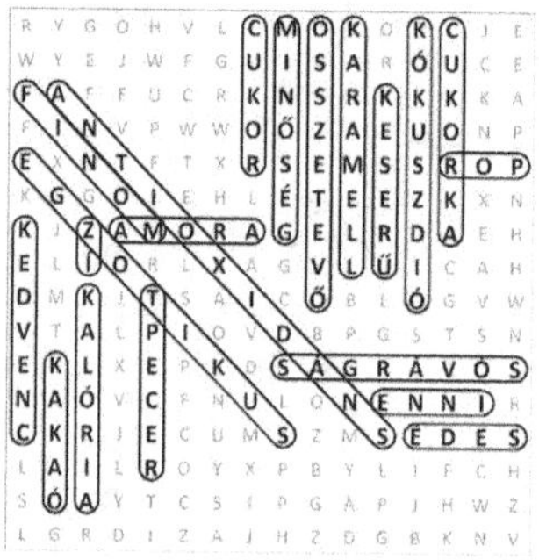

6 - Gezondheid en Welzijn #2

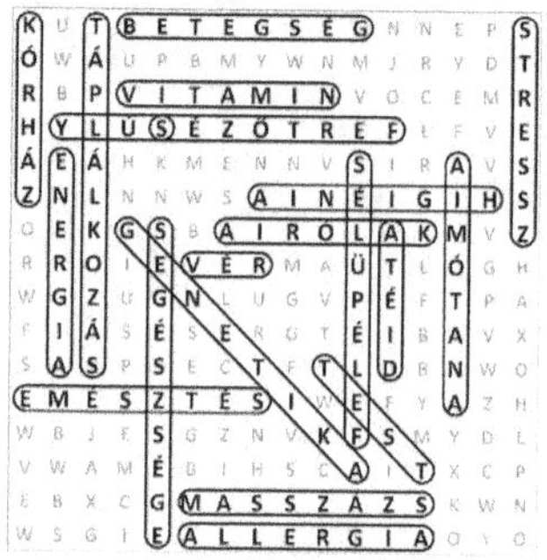

7 - Tijd

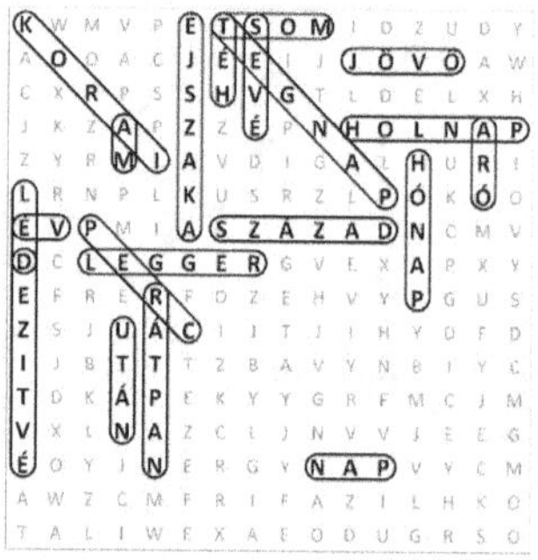

8 - Meditatie

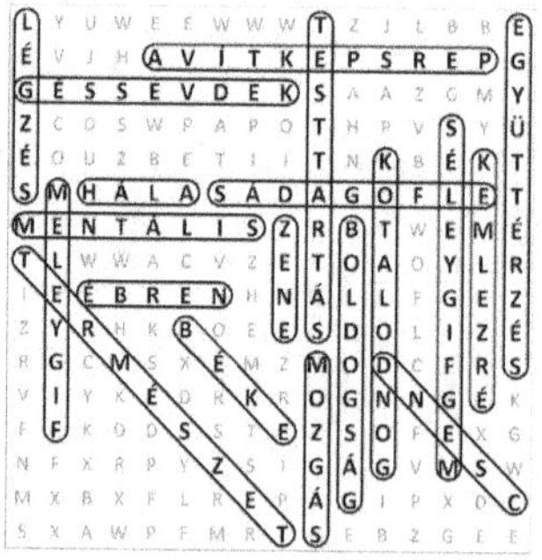

9 - Muziek

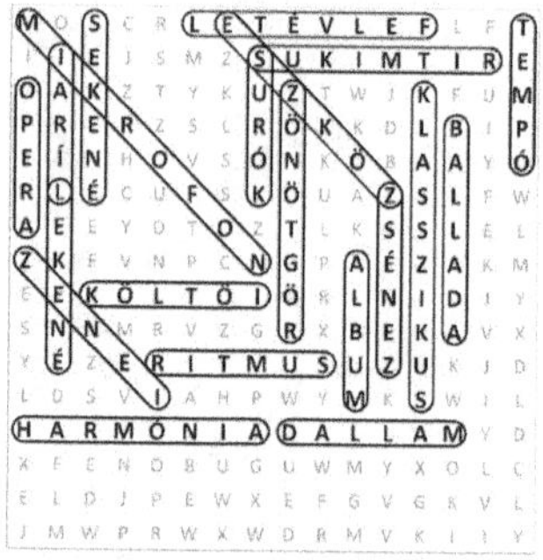

10 - Vogels

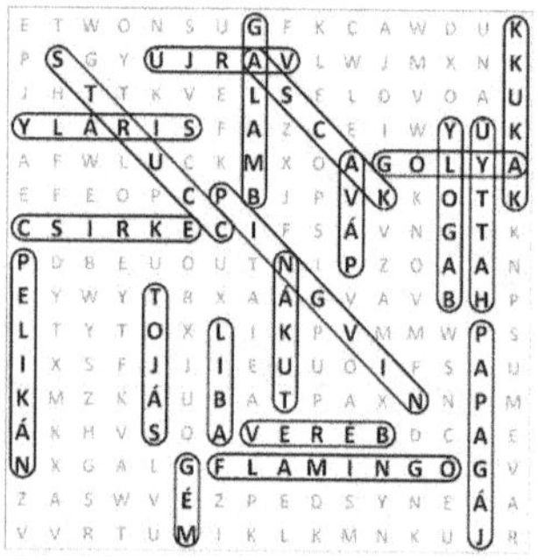

11 - Universum

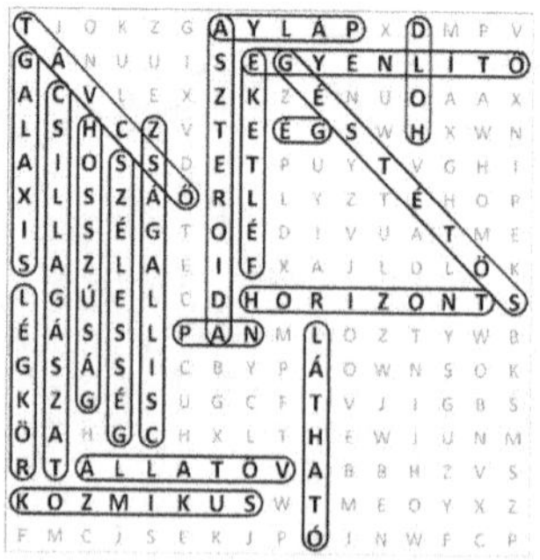

12 - Wiskunde

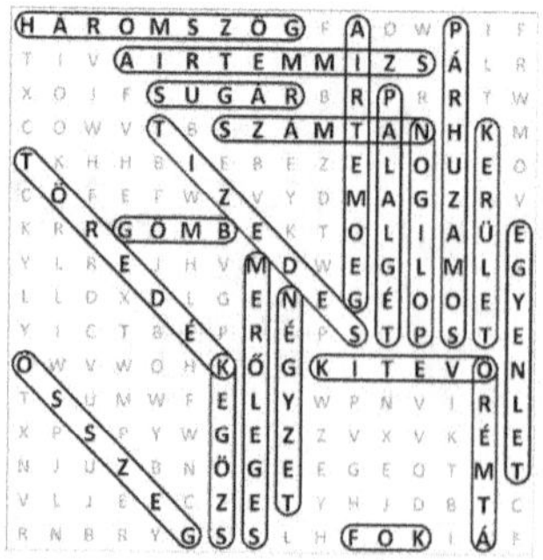

13 - Gezondheid en Welzijn #1

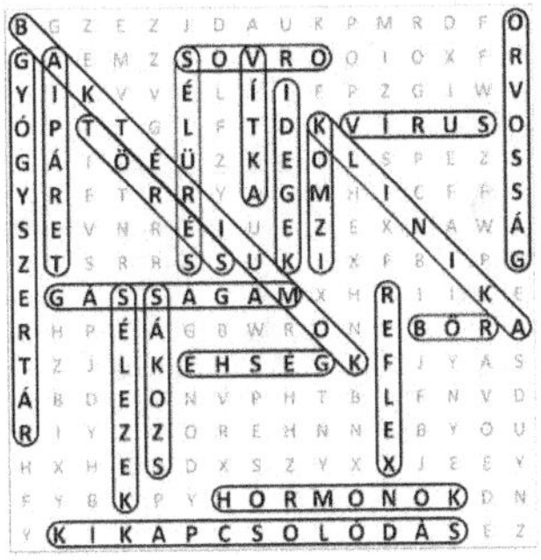

14 - Camping

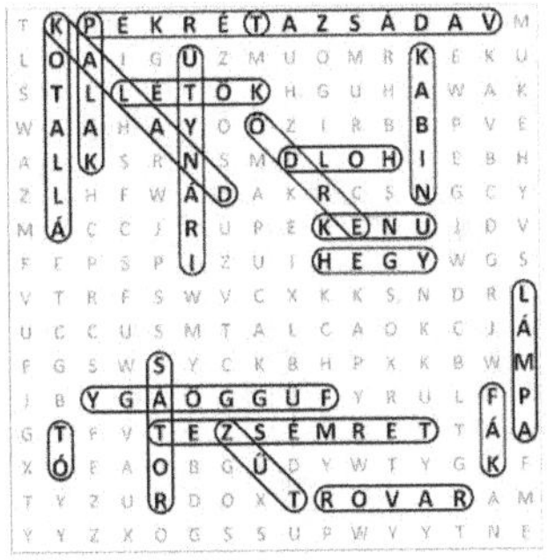

15 - Algebra

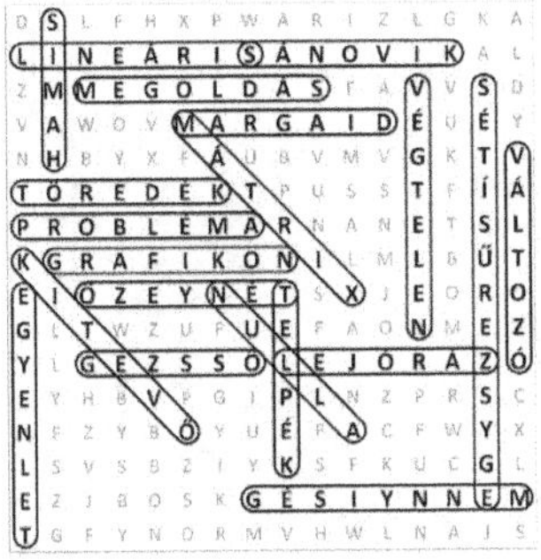

16 - Activiteiten

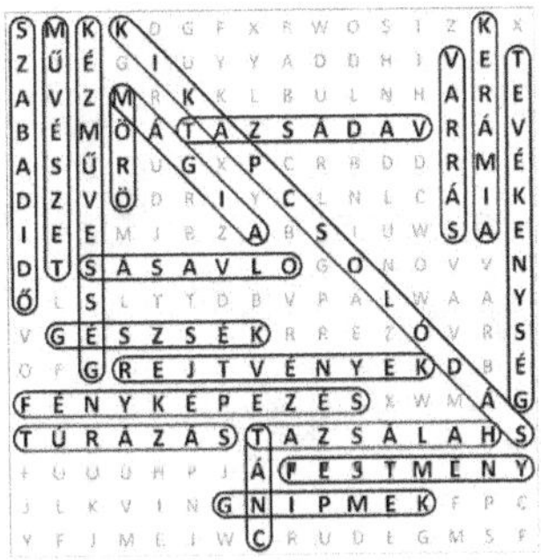

17 - Diplomatie

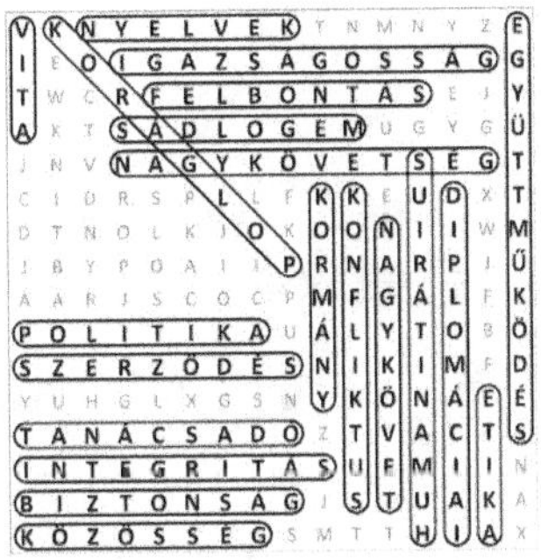

18 - Astronomie

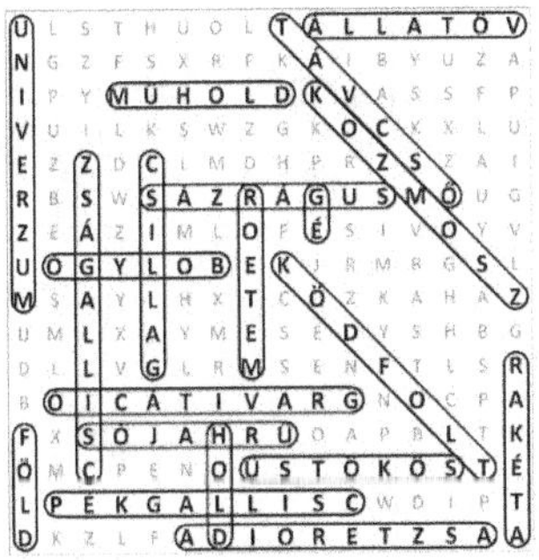

19 - Vakantie #2

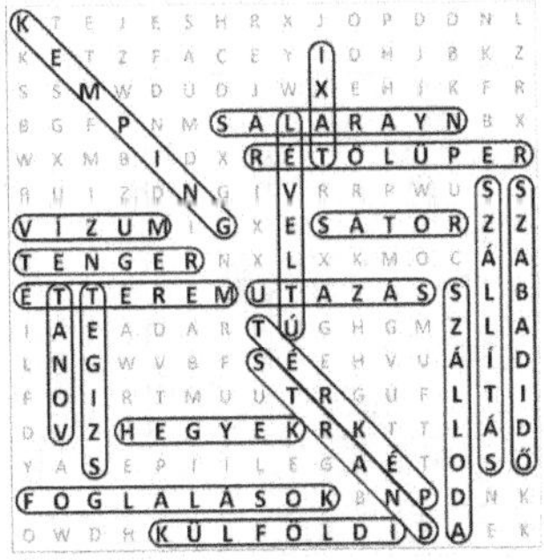

20 - Weersomstandigh

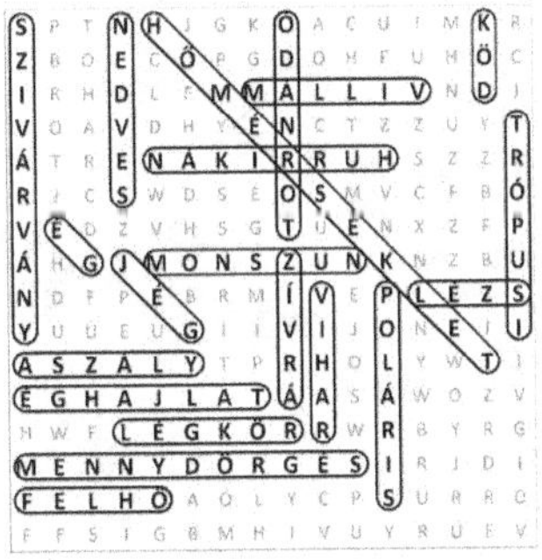

21 - Strand

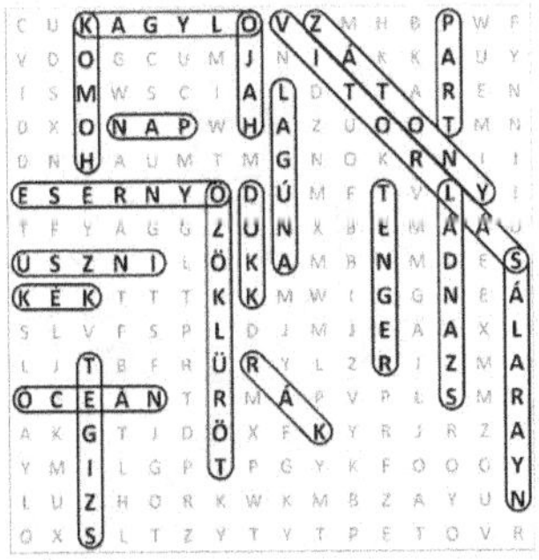

22 - Eten #2

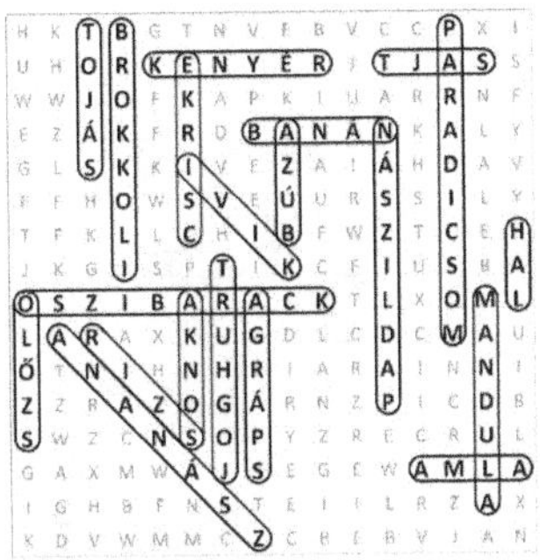

23 - Restaurant #1

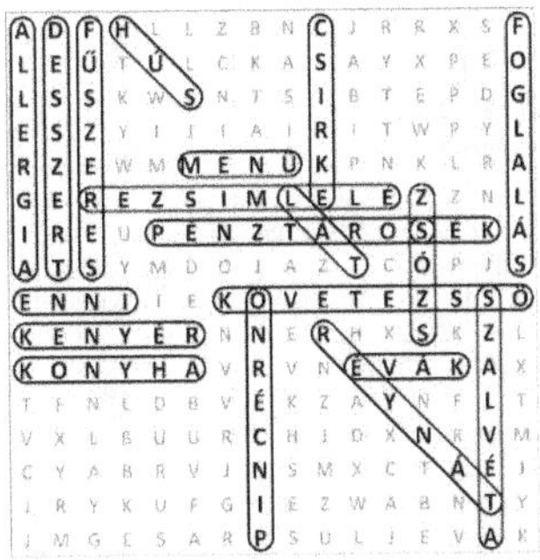

24 - Geologie

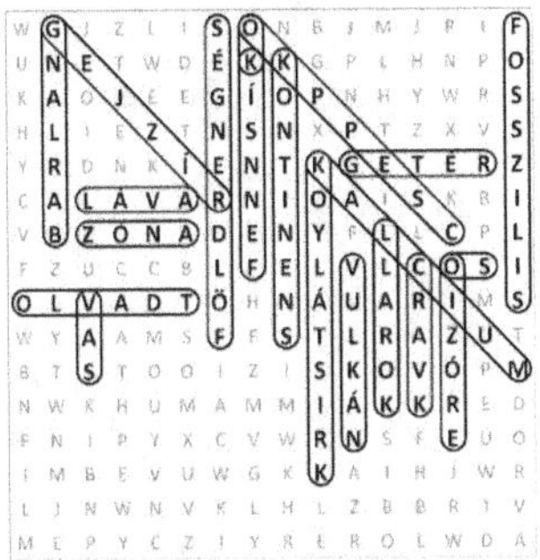

25 - Specerijen

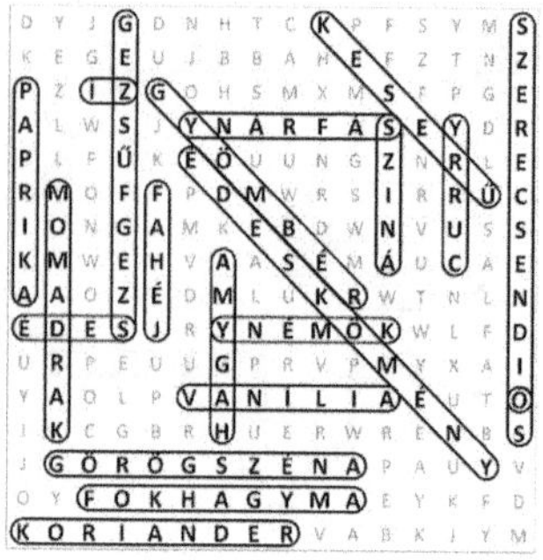

26 - Groenten

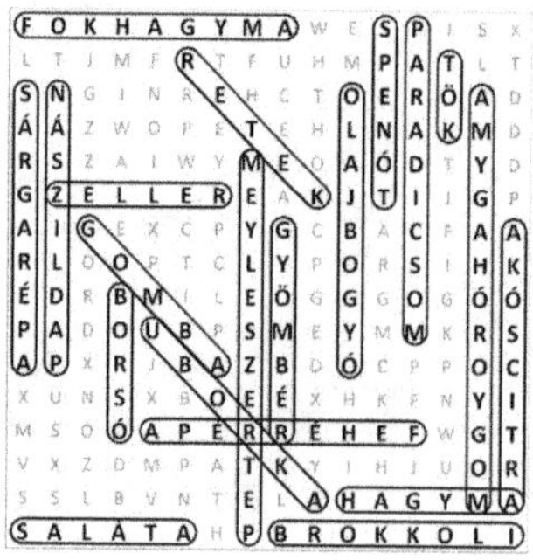

27 - Archeologie

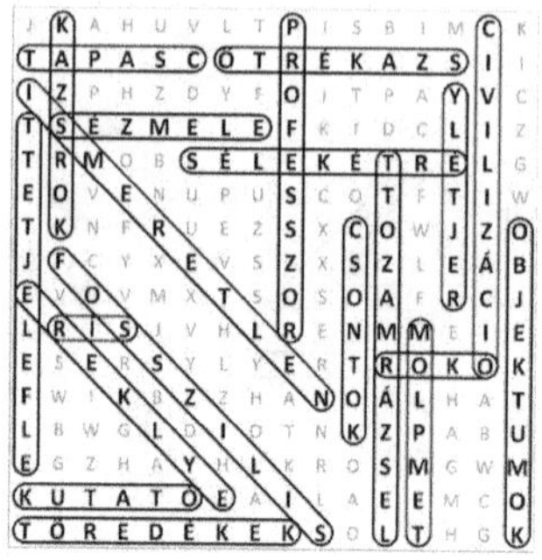

28 - Ziekte

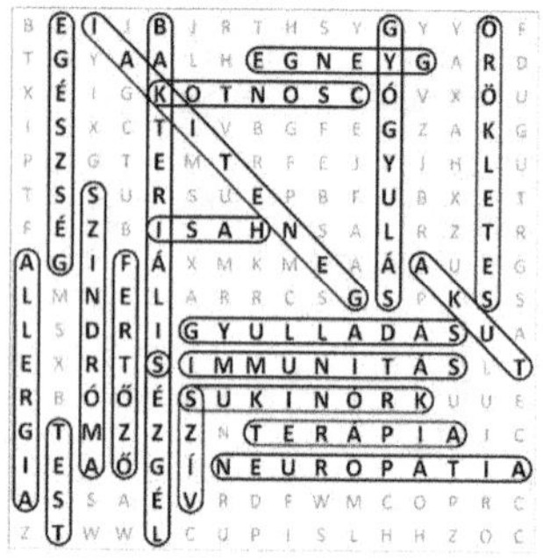

29 - Mythologie

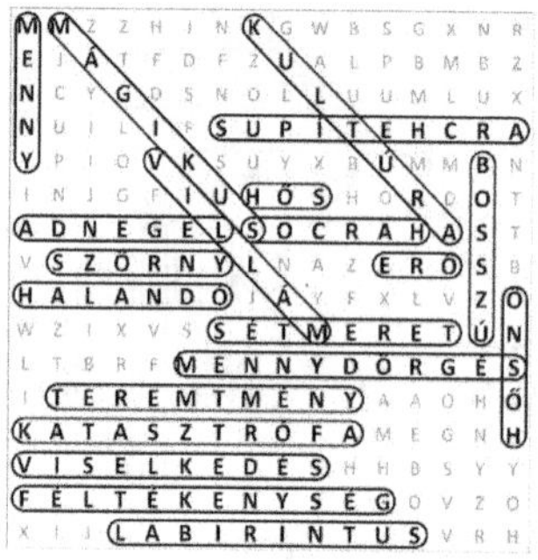

30 - Eten #1

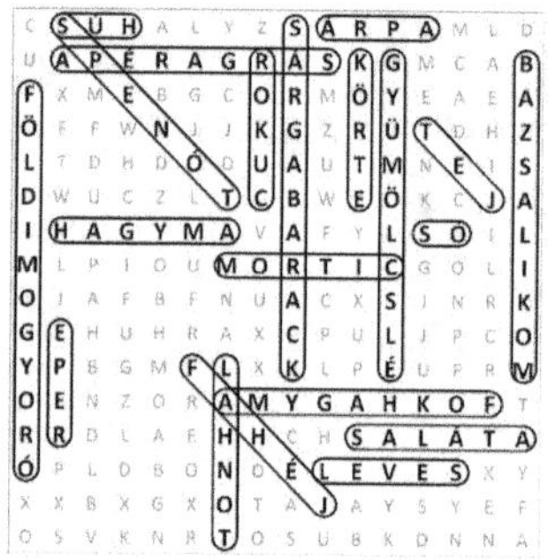

31 - Avontuur

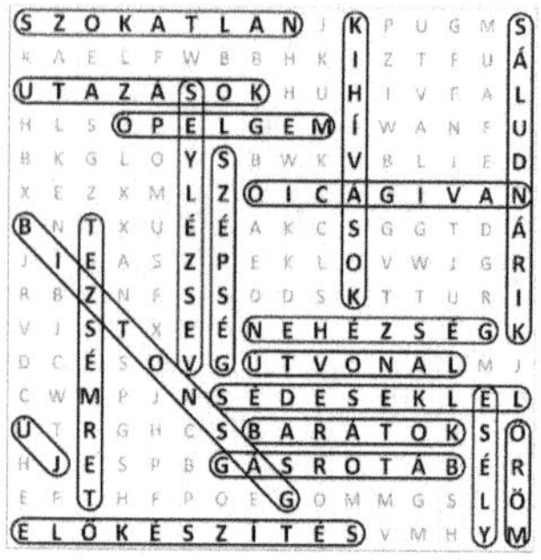

32 - Restaurant #2

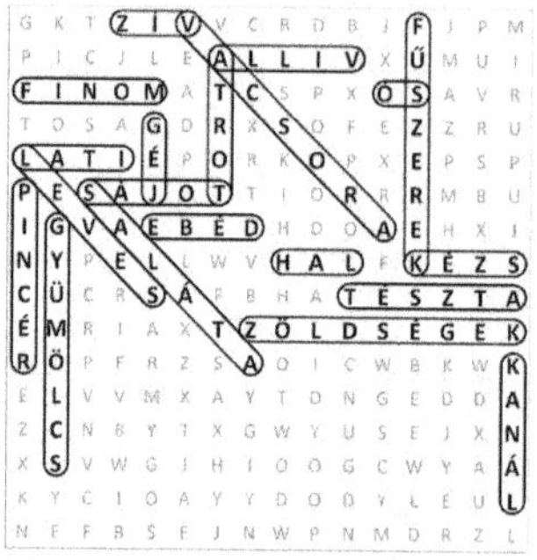

33 - De Media

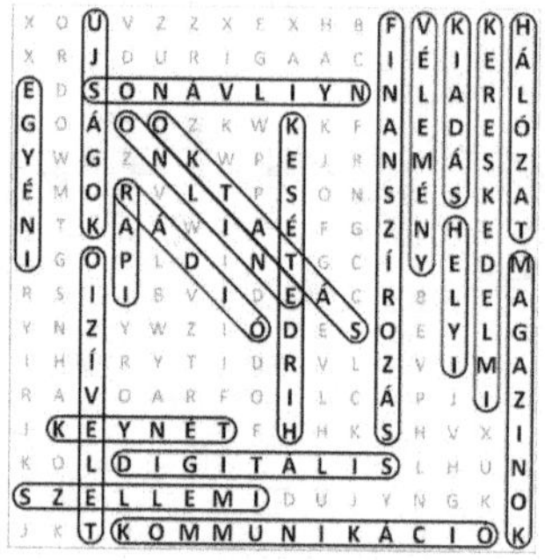

34 - Bijen

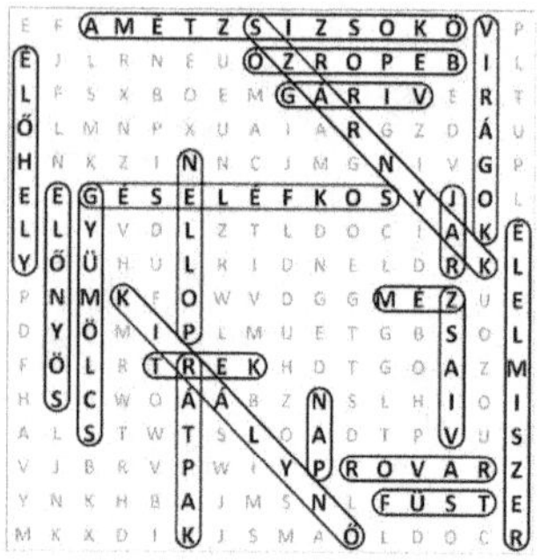

35 - Wandelen

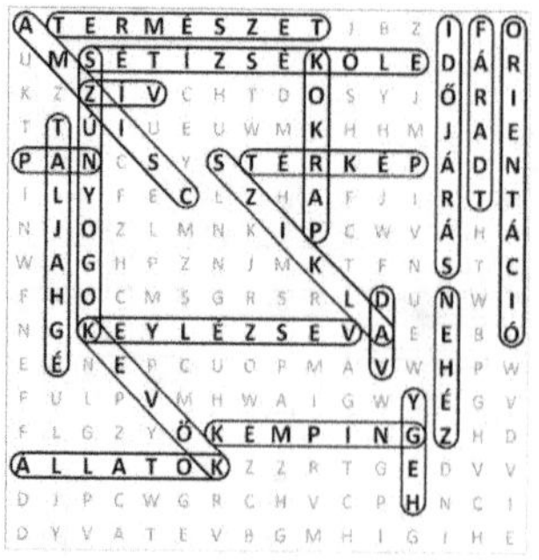

36 - Ecologie

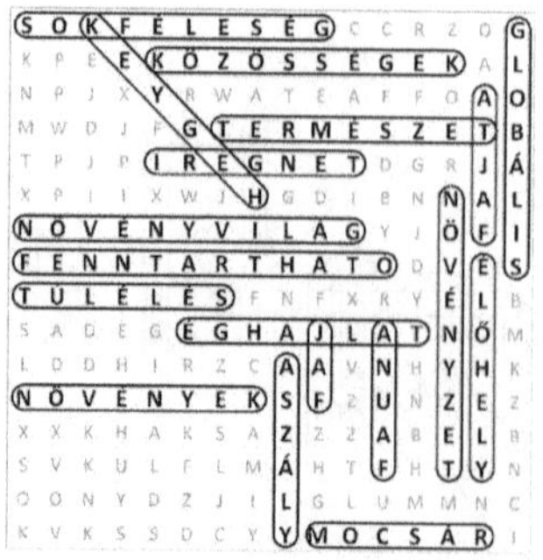

37 - Biologie

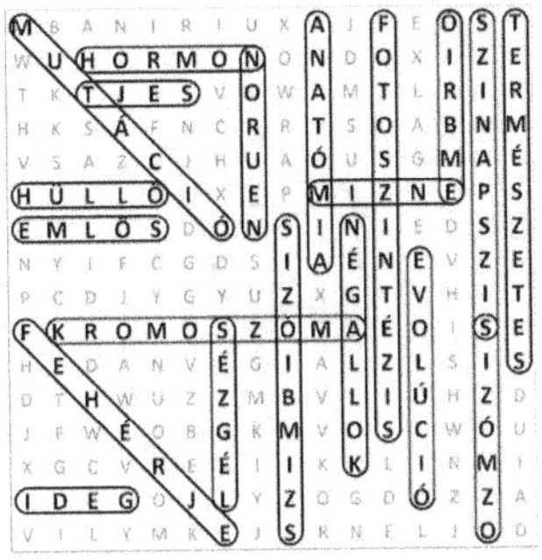

38 - Landen #1

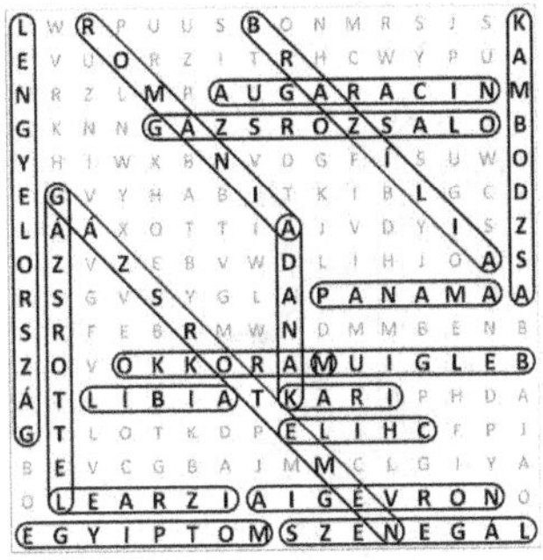

39 - Installaties

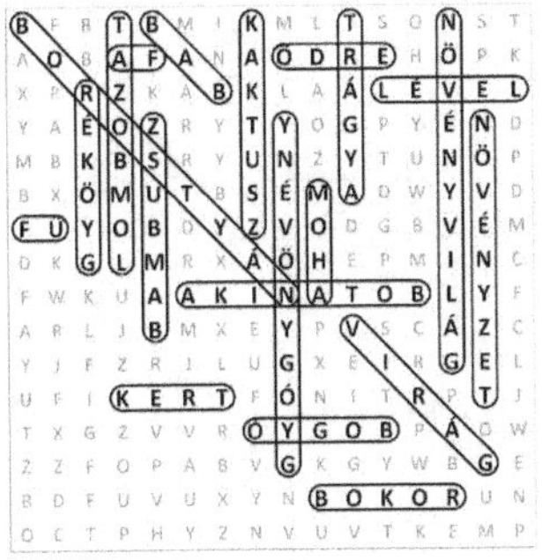

40 - Agronomie

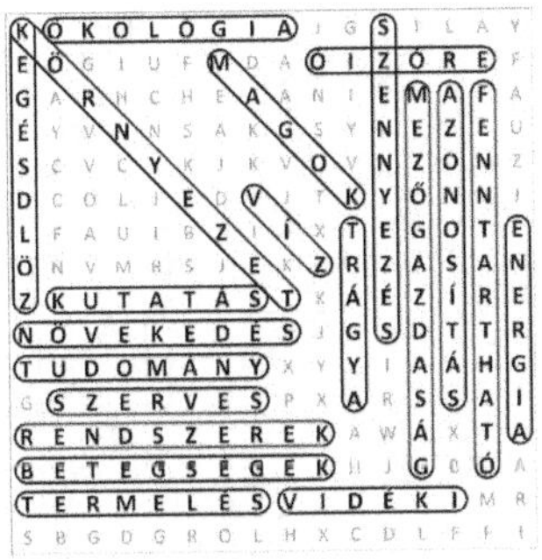

41 - Oceaan

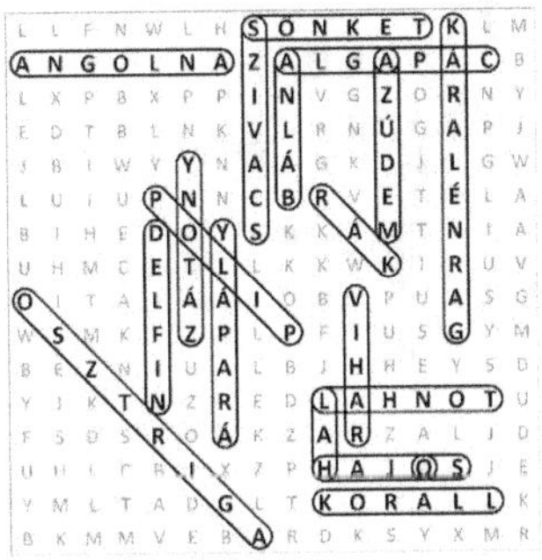

42 - Landen #2

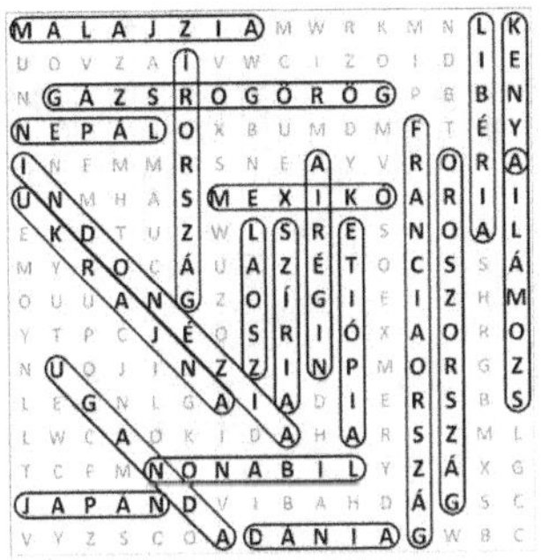

43 - Bloemen

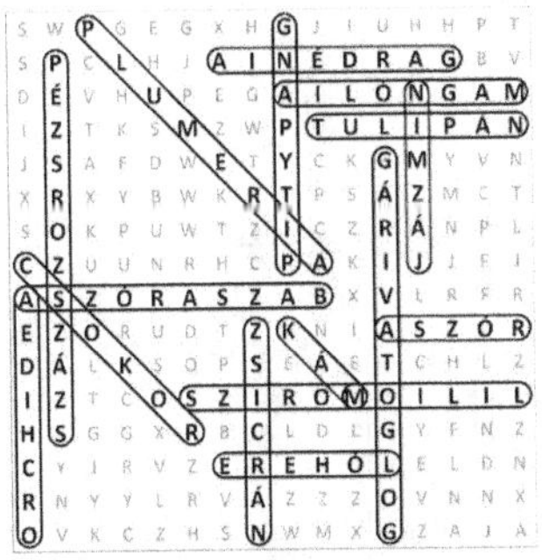

44 - Landschappen

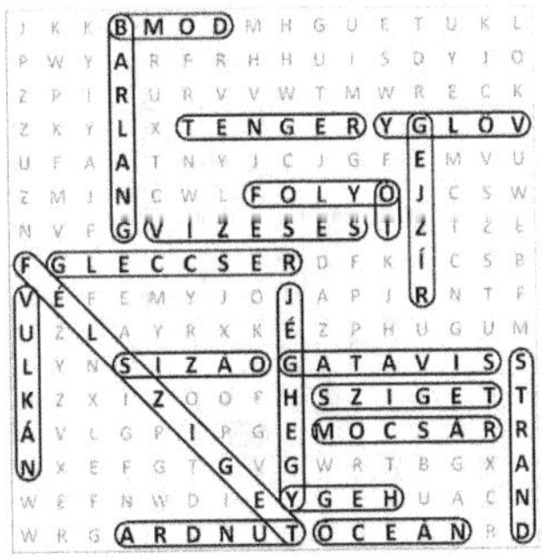

45 - Tuin

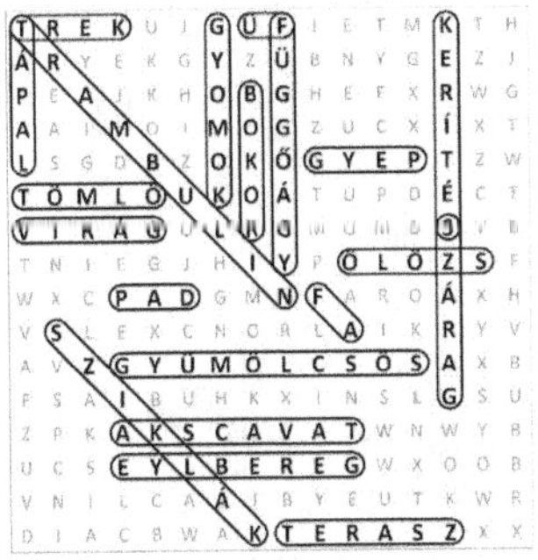

46 - Beroepen #2

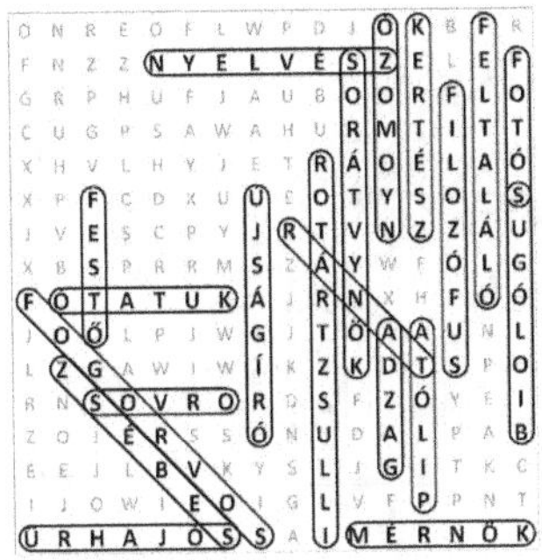

47 - Dagen en Maanden

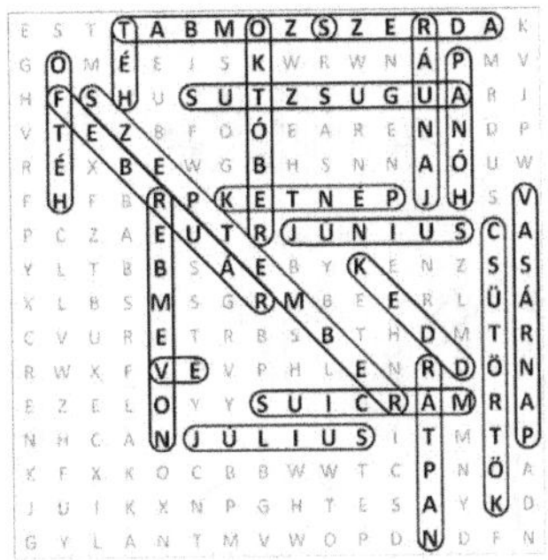

48 - Beeldende Kunsten

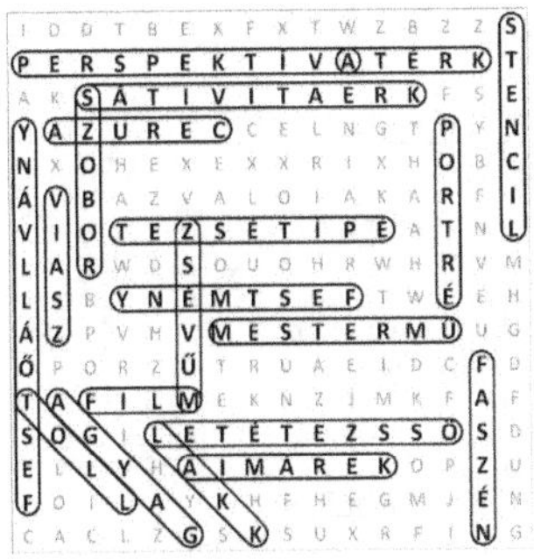

49 - Mode

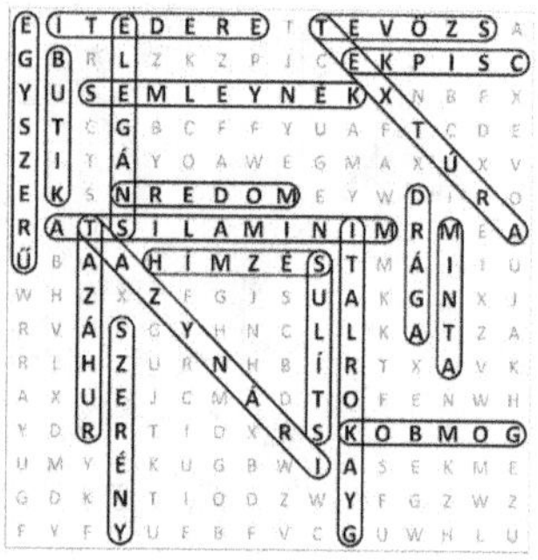

50 - Tuinieren

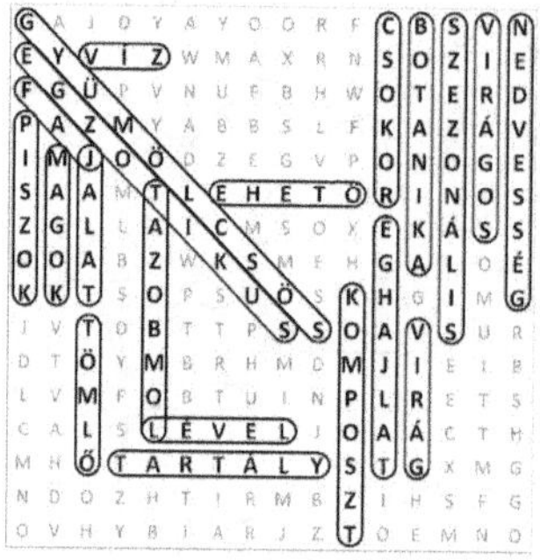

51 - Menselijk Lichaam

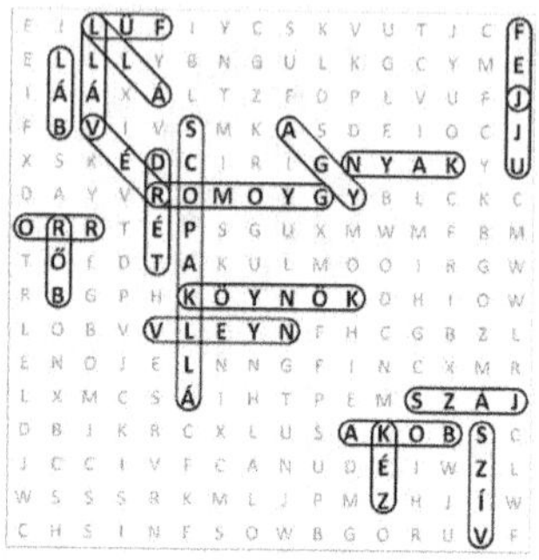

52 - Energie

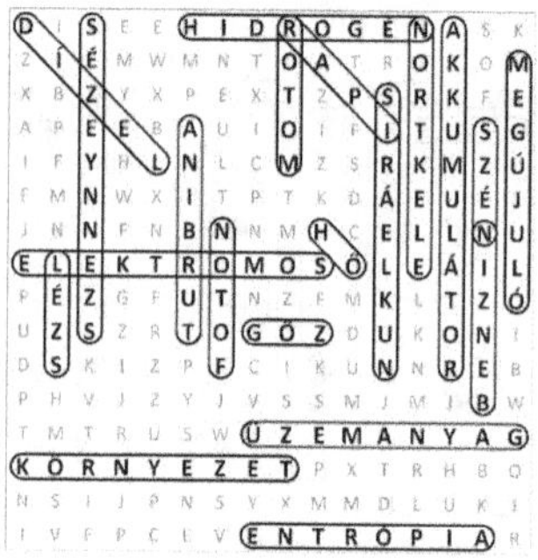

53 - Familie

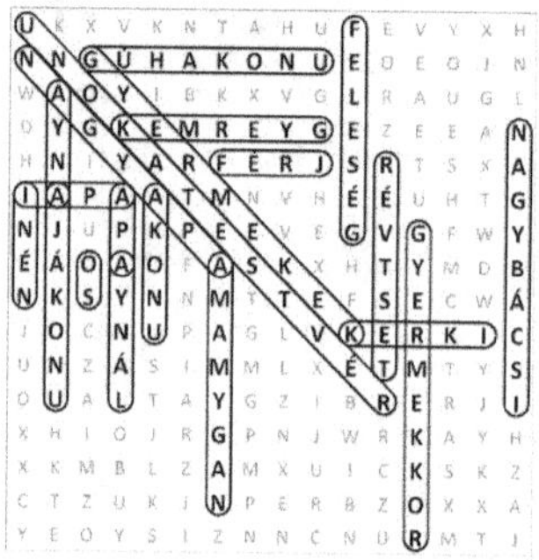

54 - Gebouwen

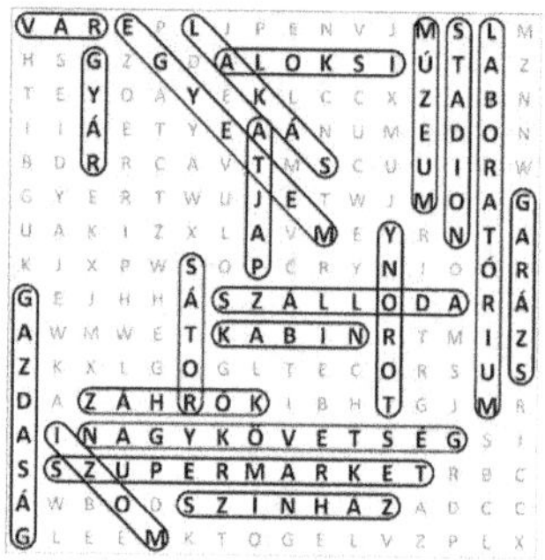

55 - Beroepen #1

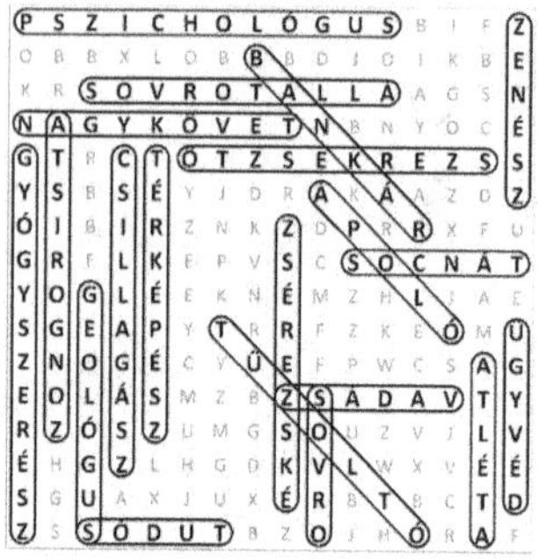

56 - Antarctica

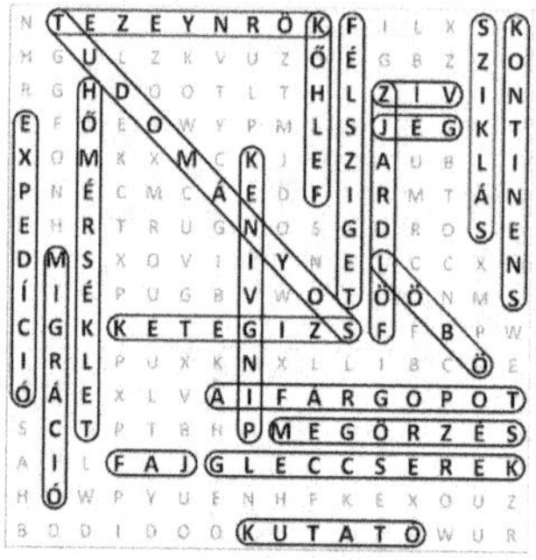

57 - Ballet

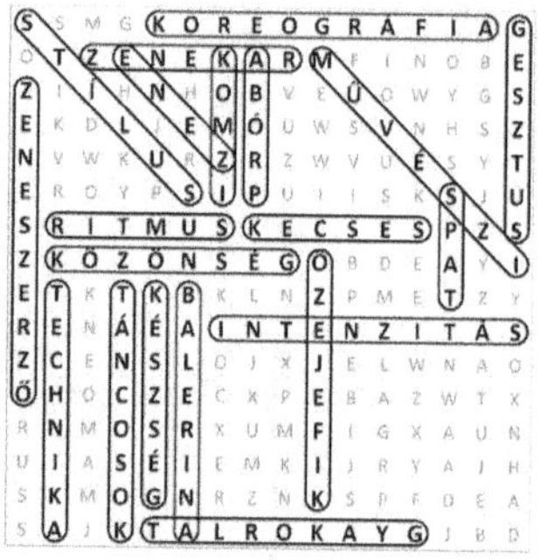

58 - Fruit

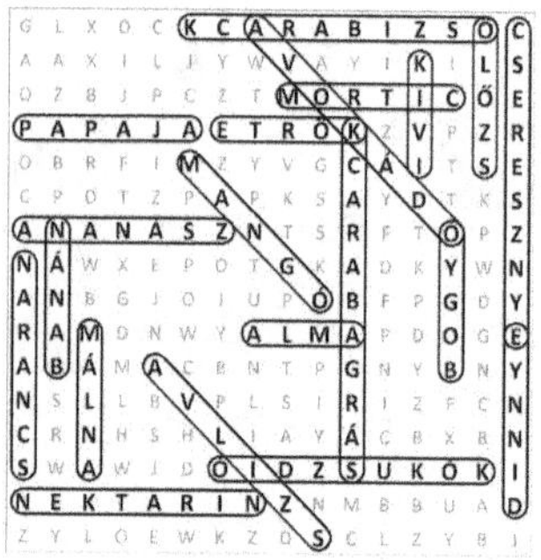

59 - Engineering

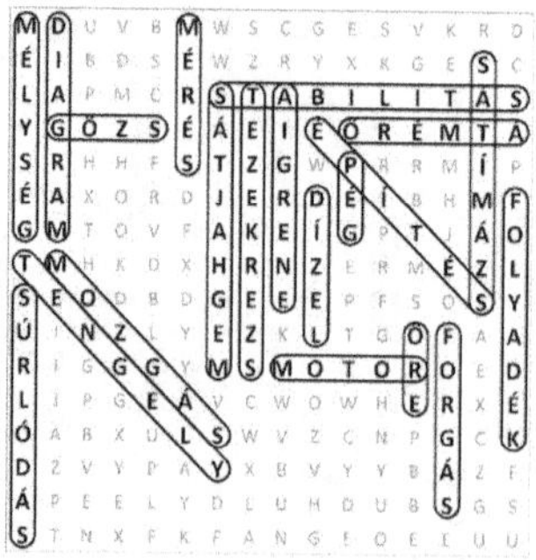

60 - Literatuur

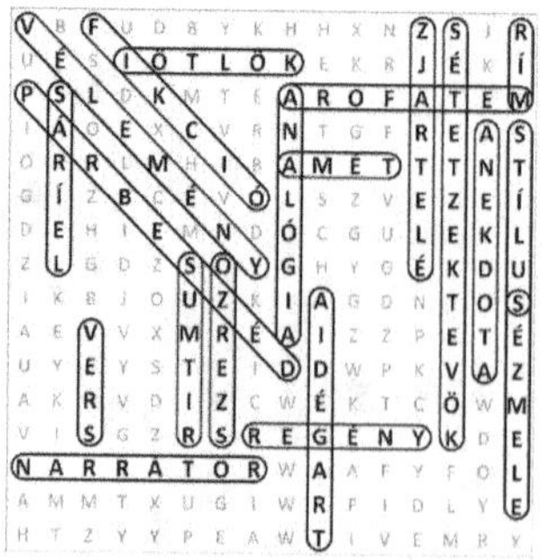

61 - Boeken

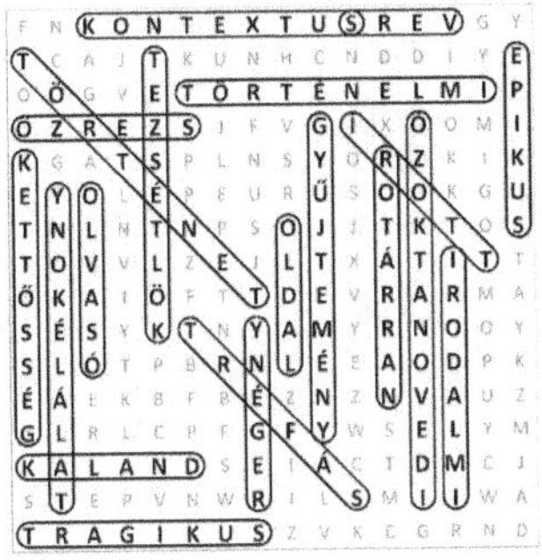

62 - Meer Informatie

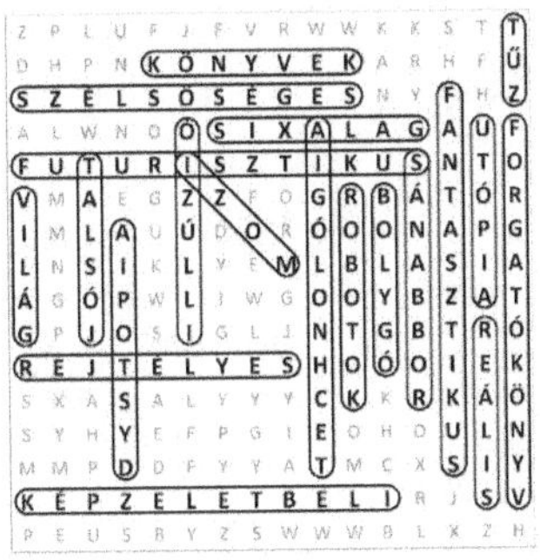

63 - Haartypes

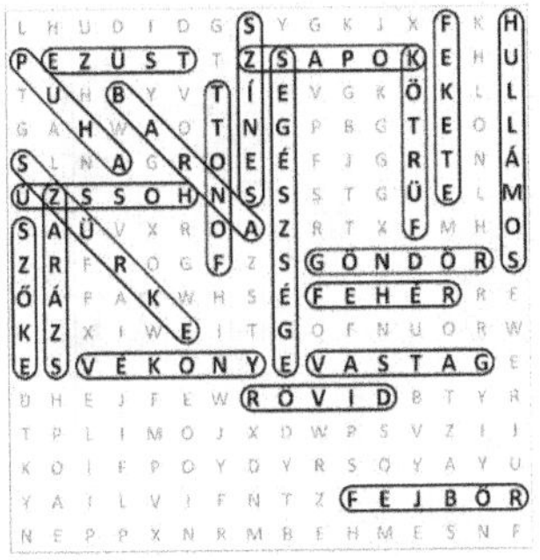

64 - Stad

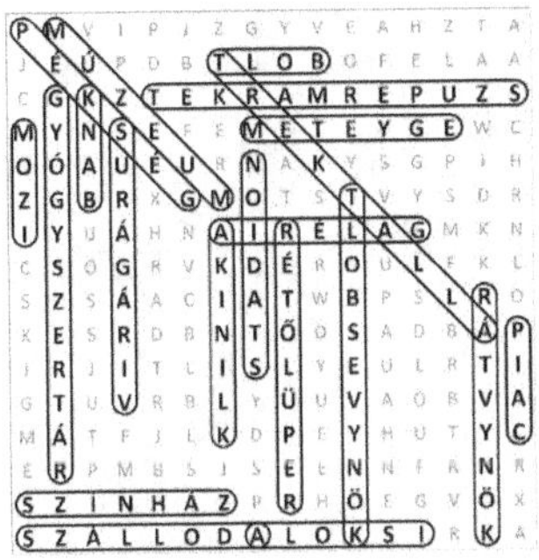

65 - Creativiteit

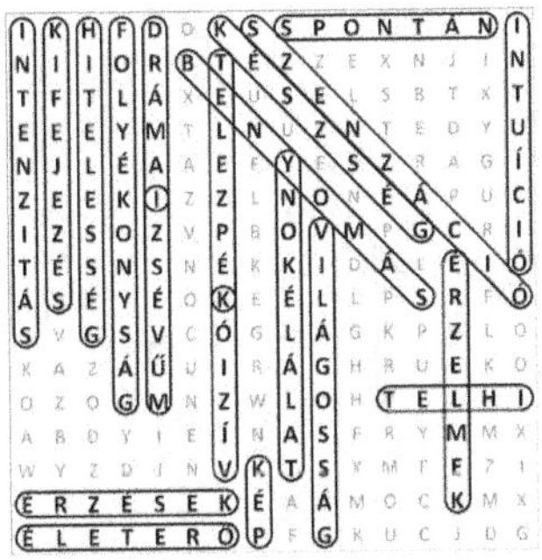

66 - Natuur

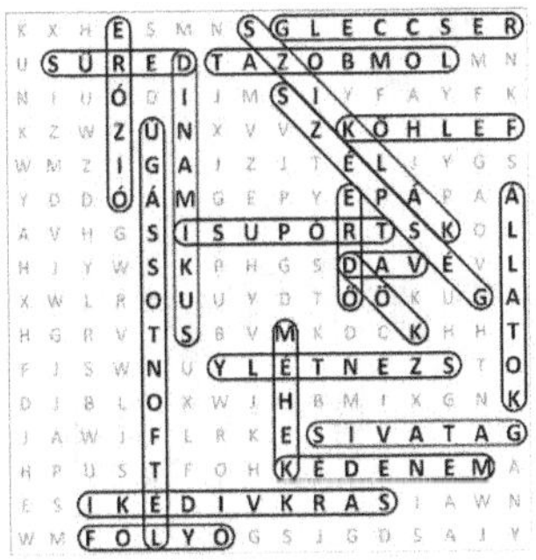

67 - Zoogdieren

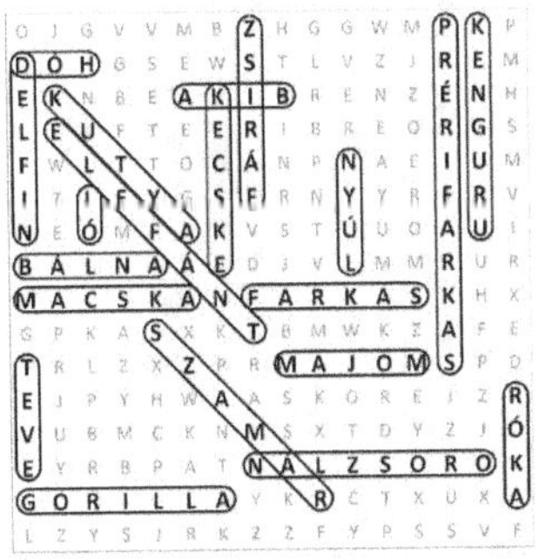

68 - Overheid

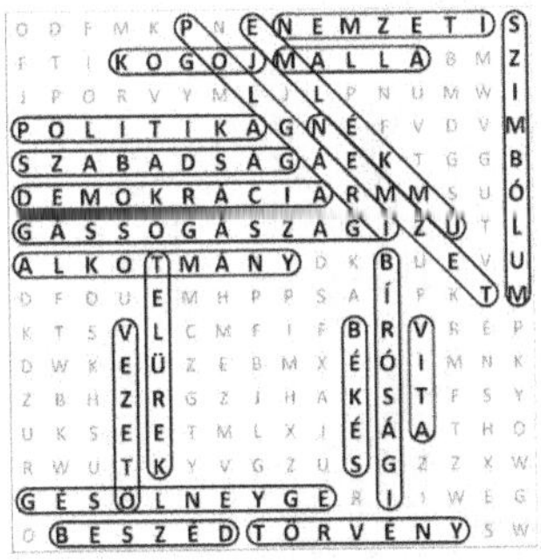

69 - Voertuigen

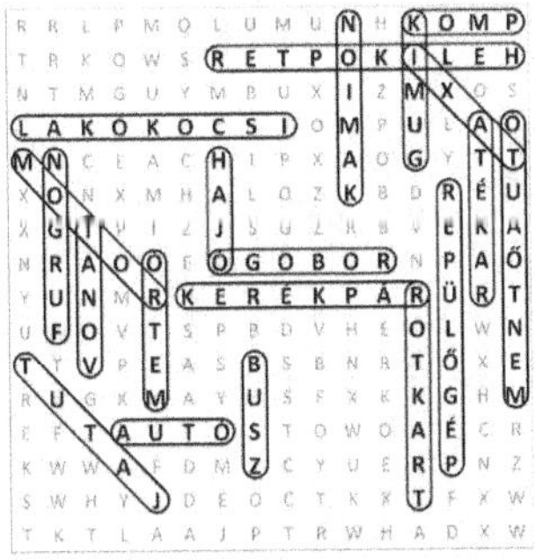

70 - Geografie

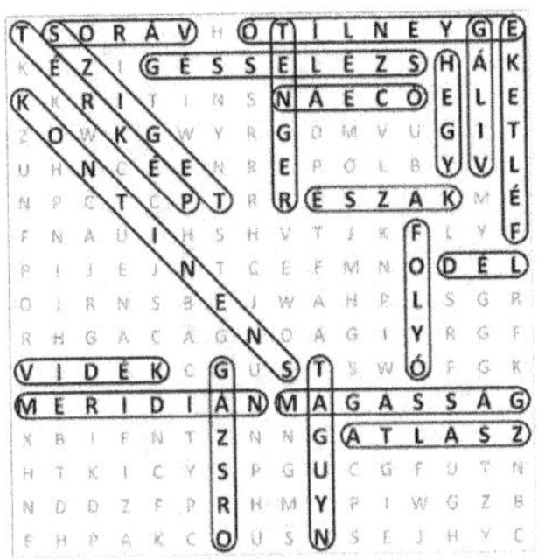

71 - Kunstbenodigdhe

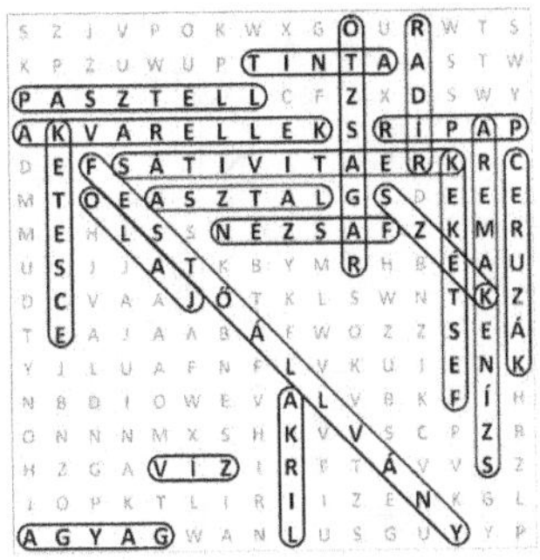

72 - Barbecues

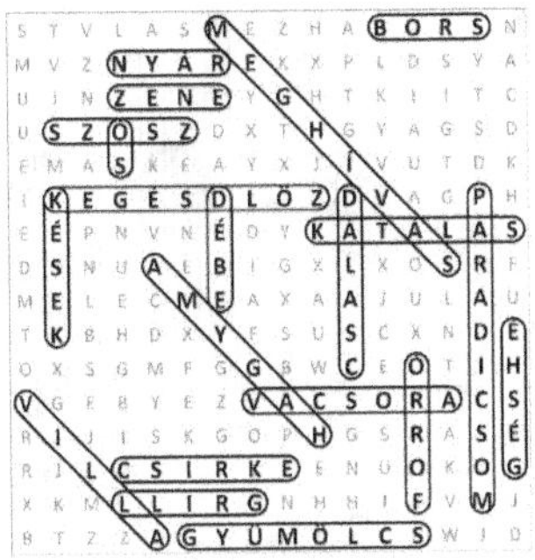

73 - Wetenschappelijk

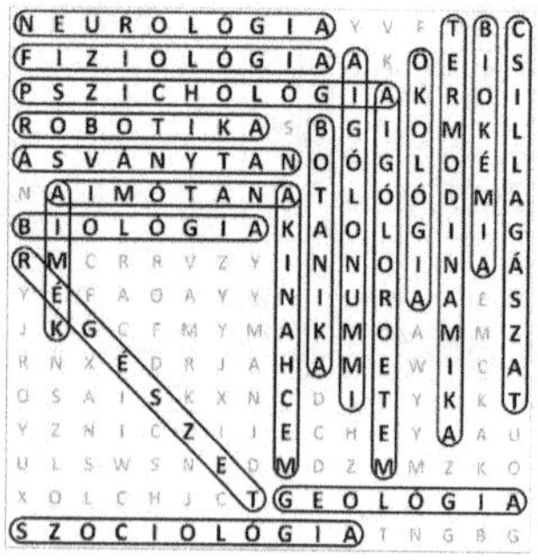

74 - Bijvoeglijke Naamwoorden

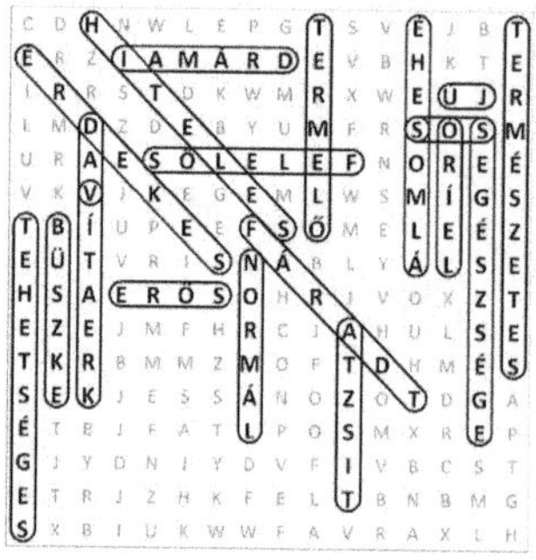

75 - Kleding

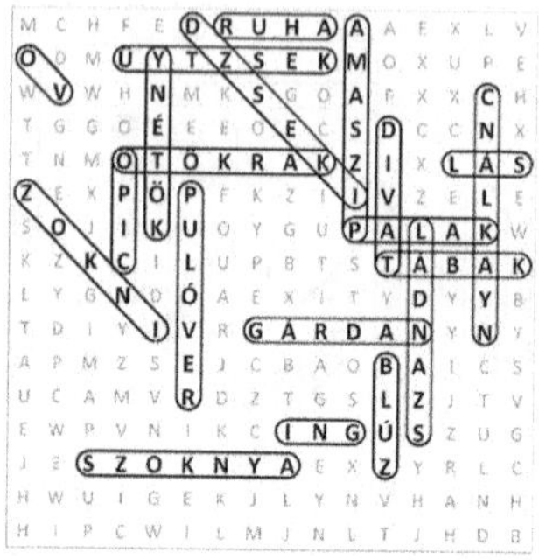

76 - Vliegtuigen

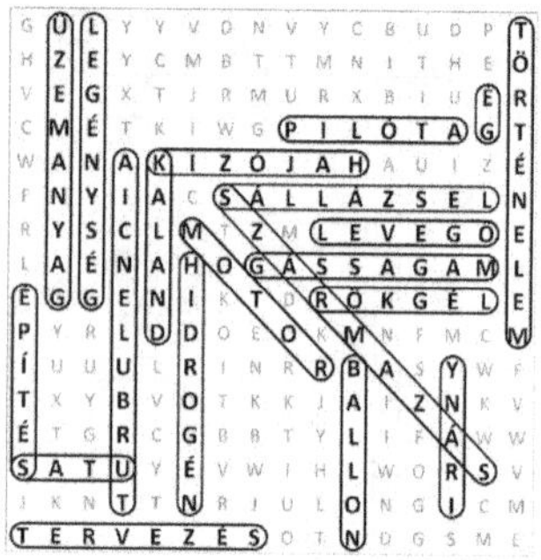

77 - Herbalisme

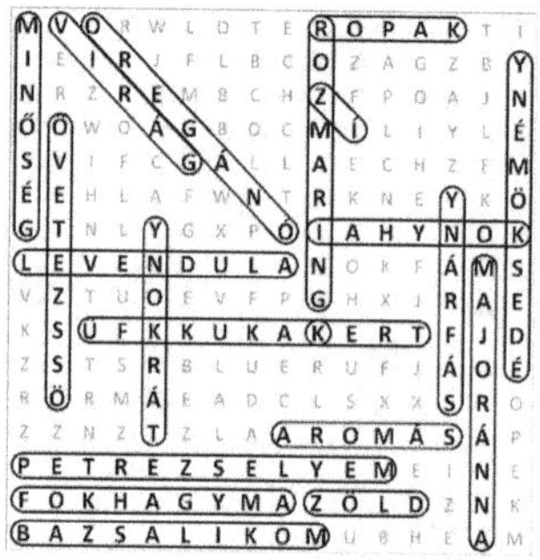

78 - Kracht en Zwaartekracht

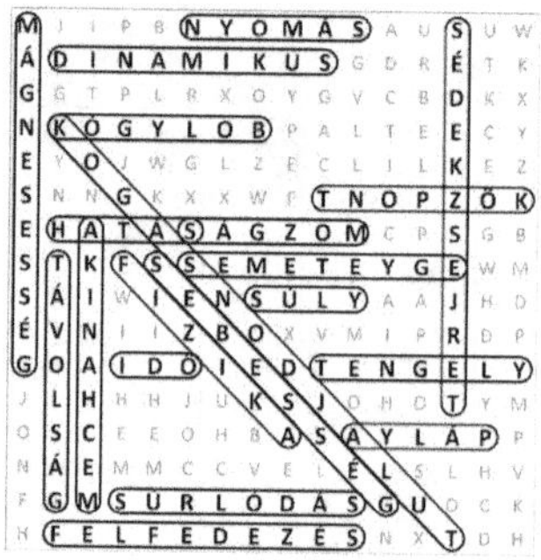

79 - Het Bedrijf

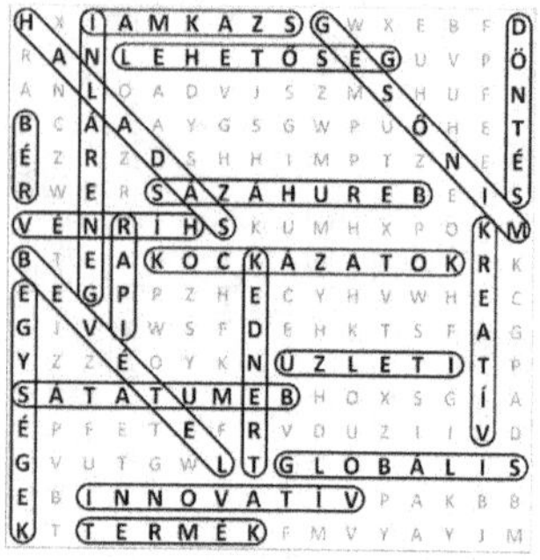

80 - Rijden

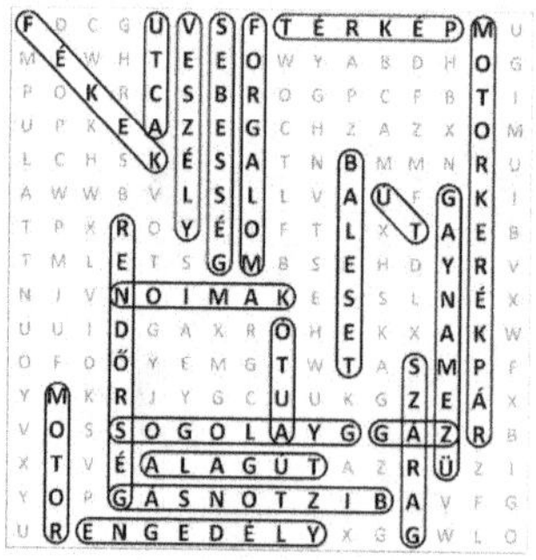

81 - Wetenschap

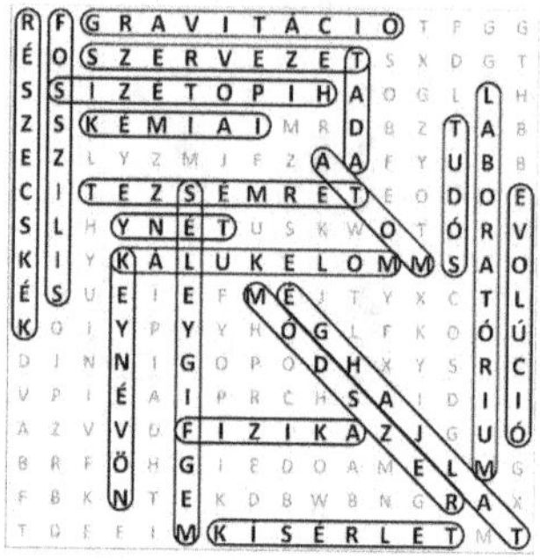

82 - Natuurkunde

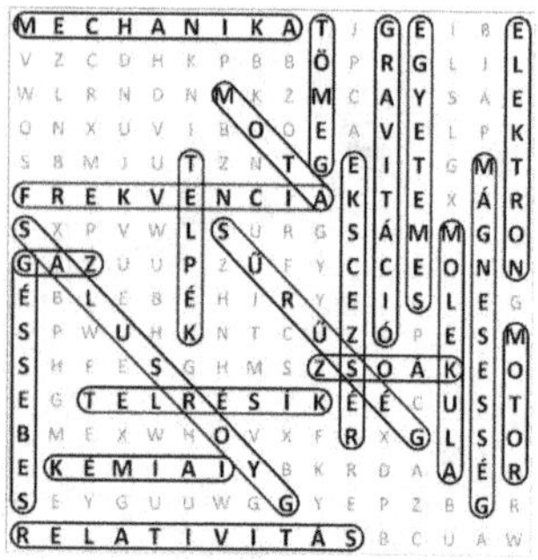

83 - Muziekinstrument

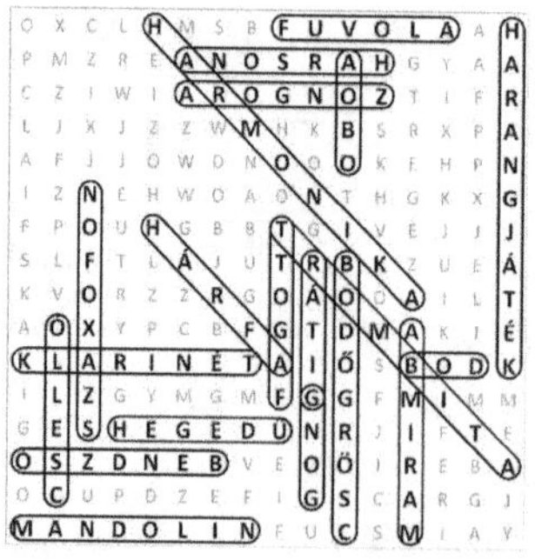

84 - Antiek

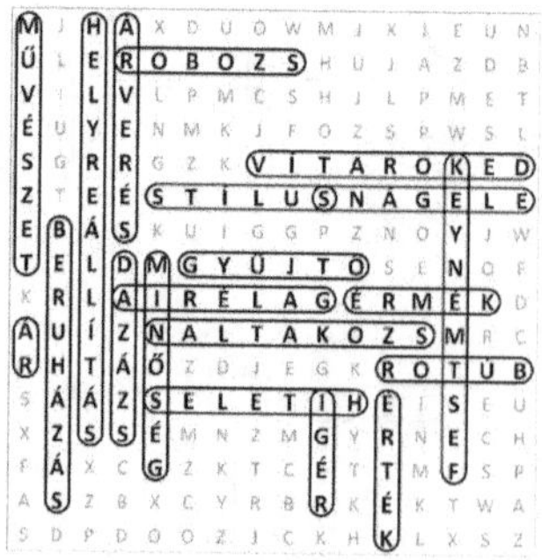

85 - Activiteiten en Vrije Ti

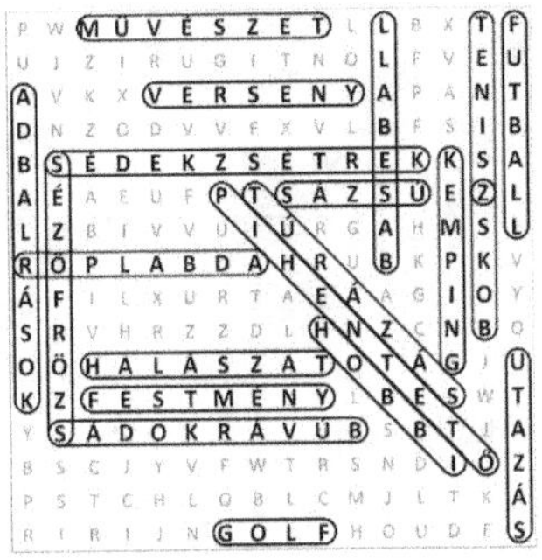

86 - Water

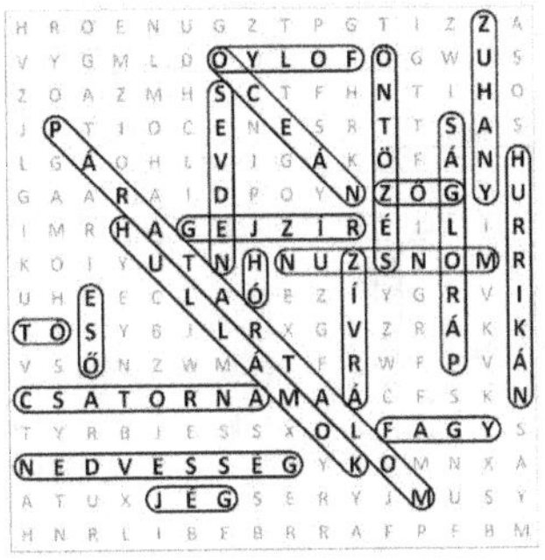

87 - Koffie

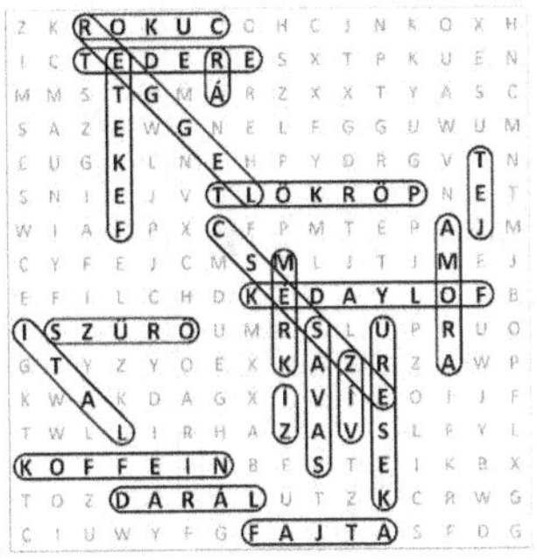

88 - Schaken

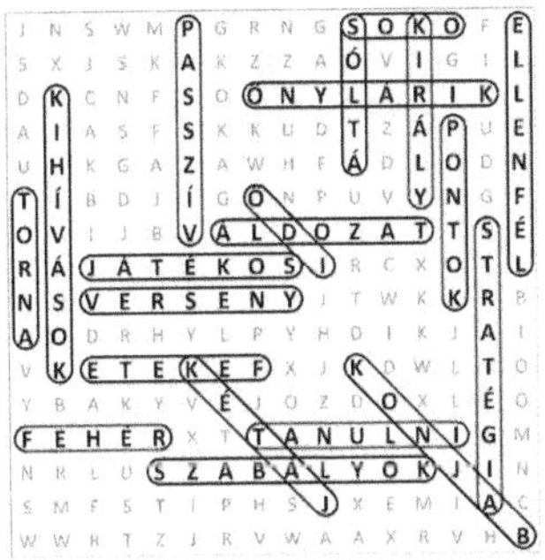

89 - Boerderij #1

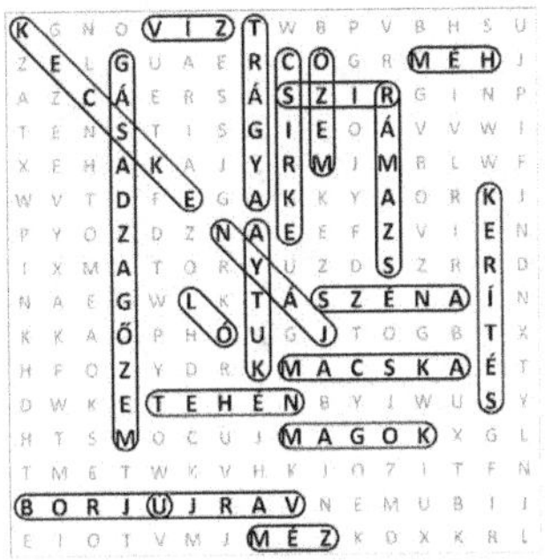

90 - Huis

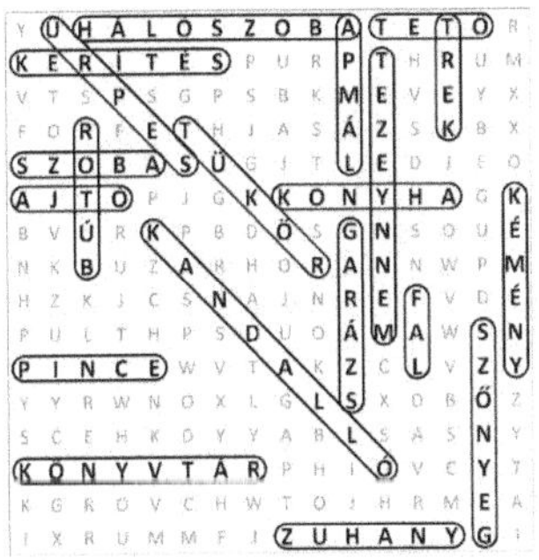

91 - Geometrie

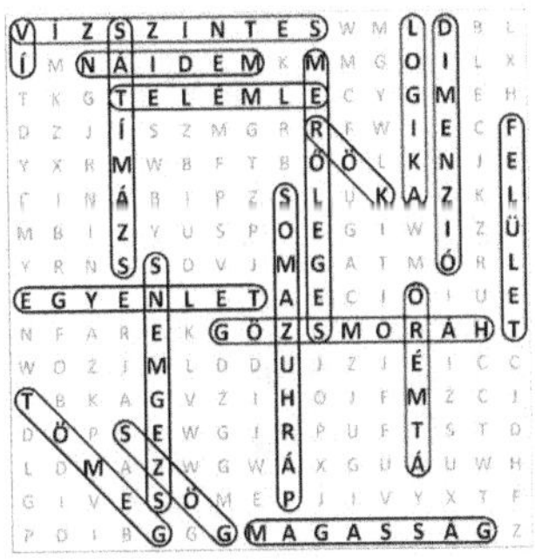

92 - Jazz

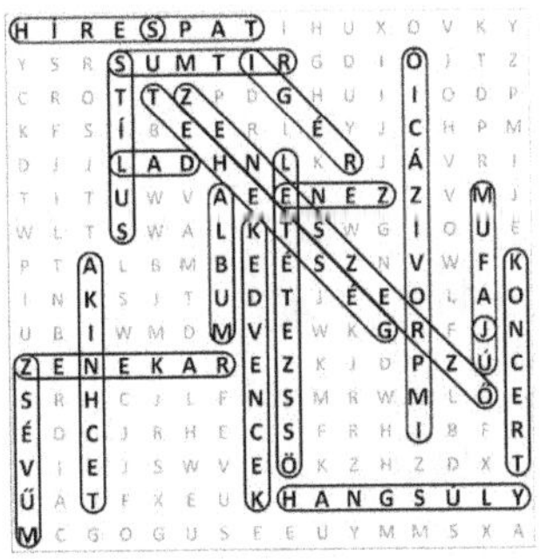

93 - Getallen

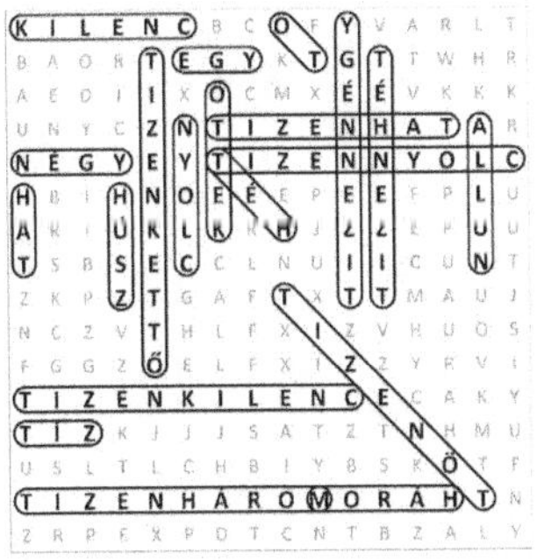

94 - Boksen

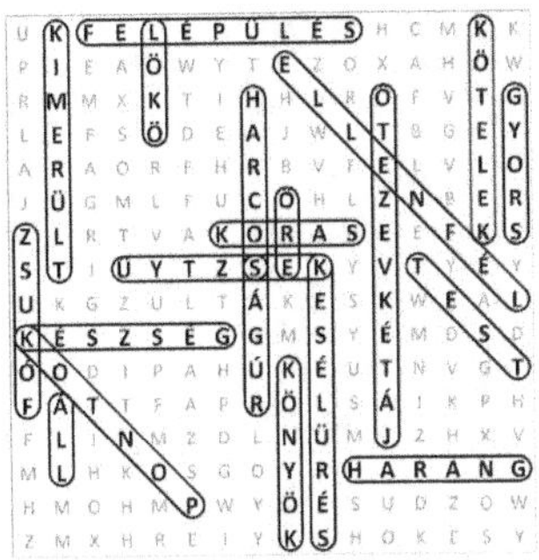

95 - Boerderij #2

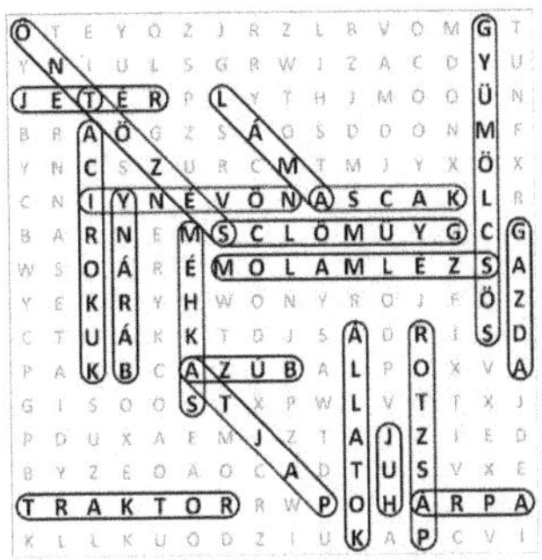

96 - Psychologie

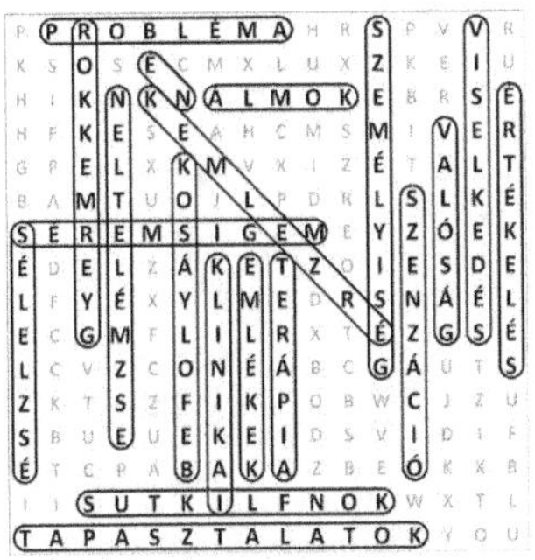

97 - Zakelijk

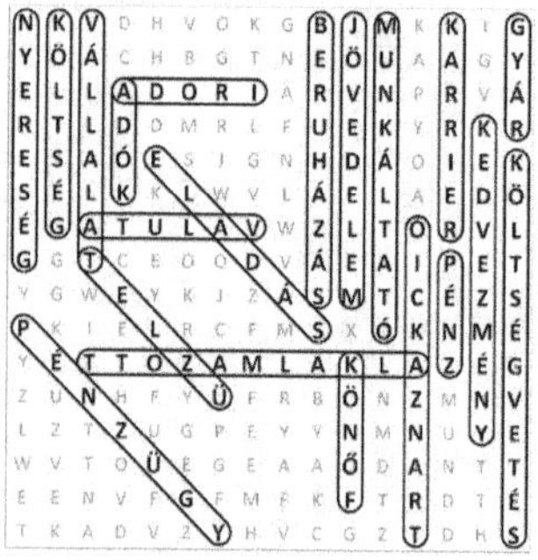

98 - Voeding

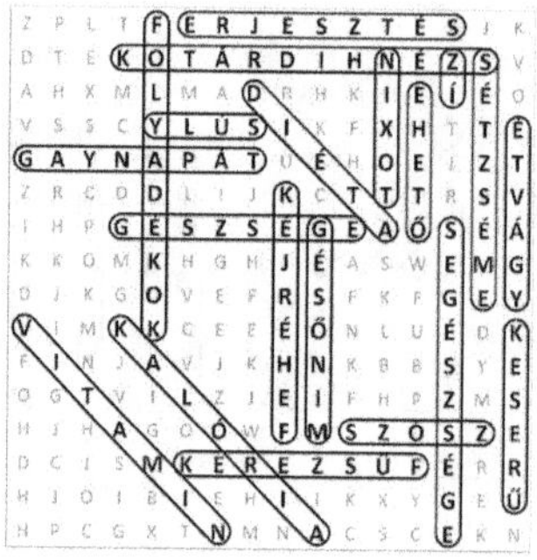

99 - Chemie

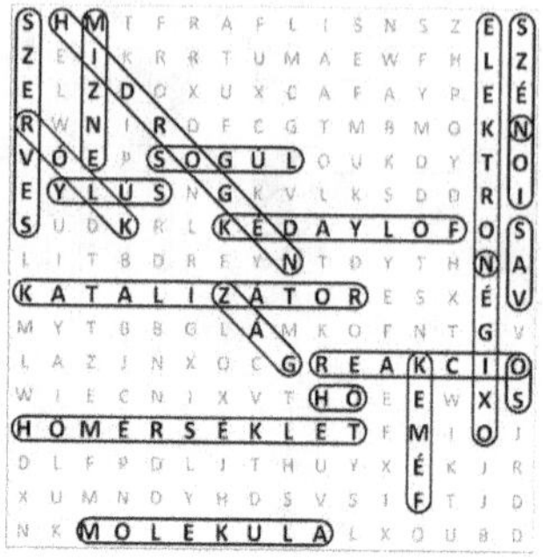

Woordenboek

Activiteiten
Tevékenységek

Activiteit	Tevékenység
Ambachten	Kézművesség
Dansen	Tánc
Fotografie	Fényképezés
Hengelsport	Halászat
Jacht	Vadászat
Kamperen	Kemping
Keramiek	Kerámia
Kunst	Művészet
Lezen	Olvasás
Magie	Mágia
Naaien	Varrás
Ontspanning	Kikapcsolódás
Plezier	Öröm
Puzzels	Rejtvények
Schilderij	Festmény
Tuinieren	Kertészkedés
Vaardigheid	Készség
Vrije Tijd	Szabadidő
Wandelen	Túrázás

Activiteiten en Vrije Ti
Tevékenységek és Szabadi

Basketbal	Kosárlabda
Boksen	Boksz
Duiken	Búvárkodás
Golf	Golf
Hengelsport	Halászat
Hobby	Hobbi
Honkbal	Baseball
Kamperen	Kemping
Kunst	Művészet
Ontspannen	Pihentető
Racen	Verseny
Reis	Utazás
Schilderij	Festmény
Surfen	Szörfözés
Tennis	Tenisz
Tuinieren	Kertészkedés
Voetbal	Futball
Volleybal	Röplabda
Wandelen	Túrázás
Zwemmen	Úszás

Agronomie
Agronómia

Duurzaam	Fenntartható
Ecologie	Ökológia
Energie	Energia
Erosie	Erózió
Groei	Növekedés
Groente	Zöldségek
Identificatie	Azonosítás
Landbouw	Mezőgazdaság
Landelijk	Vidéki
Mest	Trágya
Omgeving	Környezet
Onderzoek	Kutatás
Organisch	Szerves
Productie	Termelés
Systemen	Rendszerek
Vervuiling	Szennyezés
Water	Víz
Wetenschap	Tudomány
Zaden	Magok
Ziekten	Betegségek

Algebra
Algebra

Aftrekken	Kivonás
Diagram	Diagram
Exponent	Kitevő
Factor	Tényező
Formule	Képlet
Fractie	Töredék
Grafiek	Grafikon
Haakje	Zárójel
Hoeveelheid	Mennyiség
Lineair	Lineáris
Matrix	Mátrix
Nul	Nulla
Oneindig	Végtelen
Oplossing	Megoldás
Probleem	Probléma
Som	Összeg
Vals	Hamis
Variabele	Változó
Vereenvoudigen	Egyszerűsítés
Vergelijking	Egyenlet

Antarctica
Antarktisz

Baai	Öböl
Behoud	Megőrzés
Continent	Kontinens
Eilanden	Szigetek
Expeditie	Expedíció
Geografie	Földrajz
Gletsjers	Gleccserek
Ijs	Jég
Migratie	Migráció
Omgeving	Környezet
Onderzoeker	Kutató
Pinguïn	Pingvinek
Rotsachtig	Sziklás
Schiereiland	Félsziget
Soort	Faj
Temperatuur	Hőmérséklet
Topografie	Topográfia
Water	Víz
Wetenschappelijk	Tudományos
Wolken	Felhők

Antiek
Régiségek

Authentiek	Hiteles
Beeldhouwwerk	Szobor
Decoratief	Dekoratív
Eeuw	Század
Elegant	Elegáns
Galerij	Galéria
Investering	Beruházás
Kunst	Művészet
Kwaliteit	Minőség
Meubilair	Bútor
Munten	Érmék
Ongewoon	Szokatlan
Oud	Régi
Prijs	Ár
Restauratie	Helyreállítás
Schilderijen	Festmények
Stijl	Stílus
Veiling	Árverés
Verzamelaar	Gyűjtő
Waarde	Érték

Archeologie
Régészet

Analyse	Elemzés
Beschaving	Civilizáció
Botten	Csontok
Deskundige	Szakértő
Evaluatie	Értékelés
Fossiel	Fosszilis
Fragmenten	Töredékek
Graf	Sír
Mysterie	Rejtély
Nakomeling	Leszármazott
Objecten	Objektumok
Onbekend	Ismeretlen
Onderzoeker	Kutató
Oudheid	Ókor
Professor	Professzor
Relikwie	Ereklye
Team	Csapat
Tempel	Templom
Tijdperk	Korszak
Vergeten	Elfelejtett

Astronomie
Csillagászat

Aarde	Föld
Asteroïde	Aszteroida
Astronaut	Űrhajós
Astronoom	Csillagász
Dierenriem	Állatöv
Hemel	Ég
Komeet	Üstökös
Kosmos	Kozmosz
Maan	Hold
Meteoor	Meteor
Nevel	Ködfolt
Planeet	Bolygó
Raket	Rakéta
Satelliet	Műhold
Ster	Csillag
Sterrenbeeld	Csillagkép
Straling	Sugárzás
Telescoop	Távcső
Universum	Univerzum
Zwaartekracht	Gravitáció

Avontuur
Kaland

Activiteit	Tevékenység
Enthousiasme	Lelkesedés
Excursie	Kirándulás
Gevaarlijk	Veszélyes
Kans	Esély
Moed	Bátorság
Moeilijkheid	Nehézség
Natuur	Természet
Navigatie	Navigáció
Nieuw	Új
Ongewoon	Szokatlan
Reisplan	Útvonal
Reizen	Utazások
Schoonheid	Szépség
Uitdagingen	Kihívások
Veiligheid	Biztonság
Verrassend	Meglepő
Voorbereiding	Előkészítés
Vreugde	Öröm
Vrienden	Barátok

Ballet
Balett

Applaus	Taps
Artistiek	Művészi
Ballerina	Balerina
Choreografie	Koreográfia
Componist	Zeneszerző
Dansers	Táncosok
Expressief	Kifejező
Gebaar	Gesztus
Intensiteit	Intenzitás
Muziek	Zene
Orkest	Zenekar
Praktijk	Gyakorlat
Publiek	Közönség
Repetitie	Próba
Ritme	Ritmus
Sierlijk	Kecses
Spieren	Izmok
Stijl	Stílus
Techniek	Technika
Vaardigheid	Készség

Barbecues
Grillezés

Diner	Vacsora
Familie	Család
Fruit	Gyümölcs
Grill	Grill
Groente	Zöldségek
Heet	Forró
Honger	Éhség
Kip	Csirke
Lunch	Ebéd
Messen	Kések
Muziek	Zene
Peper	Bors
Salades	Saláták
Saus	Szósz
Tomaten	Paradicsom
Uien	Hagyma
Uitnodiging	Meghívás
Vorken	Villa
Zomer	Nyár
Zout	Só

Beeldende Kunsten
Vizuális Művészetek

Architectuur	Építészet
Artiest	Művész
Beeldhouwwerk	Szobor
Creativiteit	Kreativitás
Ezel	Festőállvány
Film	Film
Houtskool	Faszén
Keramiek	Kerámia
Klei	Agyag
Krijt	Kréta
Meesterwerk	Mestermű
Pen	Toll
Perspectief	Perspektíva
Portret	Portré
Potlood	Ceruza
Samenstelling	Összetétel
Schilderij	Festmény
Stencil	Stencil
Vernis	Lakk
Was	Viasz

Beroepen #1
Foglalkozások #1

Advocaat	Ügyvéd
Ambassadeur	Nagykövet
Apotheker	Gyógyszerész
Astronoom	Csillagász
Atleet	Atléta
Bankier	Bankár
Brandweerman	Tűzoltó
Cartograaf	Térképész
Danser	Táncos
Dierenarts	Állatorvos
Dokter	Orvos
Editor	Szerkesztő
Geoloog	Geológus
Jager	Vadász
Juwelier	Ékszerész
Muzikant	Zenész
Pianist	Zongorista
Psycholoog	Pszichológus
Verpleegster	Ápoló
Wetenschapper	Tudós

Beroepen #2
Foglalkozások #2

Arts	Orvos
Astronaut	Űrhajós
Bibliothecaris	Könyvtáros
Bioloog	Biológus
Boer	Gazda
Chirurg	Sebész
Detective	Nyomozó
Filosoof	Filozófus
Fotograaf	Fotós
Illustrator	Illusztrátor
Ingenieur	Mérnök
Journalist	Újságíró
Leraar	Tanár
Linguïst	Nyelvész
Onderzoeker	Kutató
Piloot	Pilóta
Schilder	Festő
Tandarts	Fogorvos
Tuinman	Kertész
Uitvinder	Feltaláló

Bijen
Méhek

Bestuiver	Beporzó
Bijenkorf	Kaptár
Bloemen	Virágok
Bloesem	Virág
Diversiteit	Sokféleség
Ecosysteem	Ökoszisztéma
Fruit	Gyümölcs
Habitat	Élőhely
Honing	Méz
Insect	Rovar
Koningin	Királynő
Rook	Füst
Stuifmeel	Pollen
Tuin	Kert
Vleugels	Szárnyak
Voedsel	Élelmiszer
Voordelig	Előnyös
Was	Viasz
Zon	Nap
Zwerm	Raj

Bijvoeglijke Naamwoorden
Melléknevek #1

Aantrekkelijk	Vonzó
Actief	Aktív
Ambitieus	Ambiciózus
Aromatisch	Aromás
Artistiek	Művészi
Belangrijk	Fontos
Diep	Mély
Donker	Sötét
Dun	Vékony
Eerlijk	Őszinte
Exotisch	Egzotikus
Identiek	Azonos
Jong	Fiatal
Lang	Hosszú
Langzaam	Lassú
Modern	Modern
Onschuldig	Ártatlan
Perfect	Tökéletes
Waardevol	Értékes
Zwaar	Nehéz

Bijvoeglijke Naamwoorden
Melléknevek #2

Authentiek	Hiteles
Begaafd	Tehetséges
Beschrijvend	Leíró
Creatief	Kreatív
Dramatisch	Drámai
Gezond	Egészséges
Hongerig	Éhes
Interessant	Érdekes
Moe	Fáradt
Natuurlijk	Természetes
Nieuw	Új
Normaal	Normál
Productief	Termelő
Slaperig	Álmos
Sterk	Erős
Trots	Büszke
Verantwoordelijk	Felelős
Wild	Vad
Zout	Sós
Zuiver	Tiszta

Biologie
Biológia

Ademhaling	Légzés
Anatomie	Anatómia
Cel	Sejt
Chromosoom	Kromoszóma
Collageen	Kollagén
Eiwit	Fehérje
Embryo	Embrió
Enzym	Enzim
Evolutie	Evolúció
Fotosynthese	Fotoszintézis
Hormoon	Hormon
Mutatie	Mutáció
Natuurlijk	Természetes
Neuron	Neuron
Osmose	Ozmózis
Reptiel	Hüllő
Symbiose	Szimbiózis
Synaps	Szinapszis
Zenuw	Ideg
Zoogdier	Emlős

Bloemen
Virágok

Bloemblad	Szirom
Boeket	Csokor
Gardenia	Gardénia
Hibiscus	Hibiszkusz
Jasmijn	Jázmin
Klaver	Lóhere
Lavendel	Levendula
Lelie	Liliom
Madeliefje	Százszorszép
Magnolia	Magnólia
Narcis	Nárcisz
Orchidee	Orchidea
Paardebloem	Pitypang
Papaver	Mák
Passiebloem	Golgotavirág
Pioenroos	Bazsarózsa
Plumeria	Plumeria
Roos	Rózsa
Tulp	Tulipán
Zonnebloem	Napraforgó

Boeken
Könyvek

Auteur	Szerző
Avontuur	Kaland
Bladzijde	Oldal
Collectie	Gyűjtemény
Context	Kontextus
Dualiteit	Kettősség
Episch	Epikus
Gedicht	Vers
Geschreven	Írott
Historisch	Történelmi
Humoristisch	Tréfás
Inventief	Találékony
Lezer	Olvasó
Literair	Irodalmi
Poëzie	Költészet
Relevant	Ide Vonatkozó
Roman	Regény
Tragisch	Tragikus
Verhaal	Történet
Verteller	Narrátor

Boerderij #1
Gazdaság #1

Bij	Méh
Ezel	Szamár
Geit	Kecske
Hek	Kerítés
Hond	Kutya
Honing	Méz
Hooi	Széna
Kalf	Borjú
Kat	Macska
Kip	Csirke
Koe	Tehén
Kraai	Varjú
Kudde	Nyáj
Landbouw	Mezőgazdaság
Mest	Trágya
Paard	Ló
Rijst	Rizs
Veld	Mező
Water	Víz
Zaden	Magok

Boerderij #2
2. Gazdaság

Bijenkorf	Méhkas
Boer	Gazda
Boomgaard	Gyümölcsös
Dieren	Állatok
Eend	Kacsa
Fruit	Gyümölcs
Gerst	Árpa
Groente	Növényi
Herder	Pásztor
Irrigatie	Öntözés
Lam	Bárány
Lama	Láma
Maïs	Kukorica
Melk	Tej
Schaap	Juh
Schuur	Pajta
Tarwe	Búza
Tractor	Traktor
Weide	Rét
Windmolen	Szélmalom

Boksen
Boksz

Elleboog	Könyök
Focus	Fókusz
Handschoenen	Kesztyű
Herstel	Felépülés
Hoek	Sarok
Kin	Áll
Klok	Harang
Kracht	Erő
Lichaam	Test
Punten	Pontok
Scheidsrechter	Játékvezető
Schoppen	Rúgás
Snel	Gyors
Tegenstander	Ellenfél
Touwen	Kötelek
Uitgeput	Kimerült
Vaardigheid	Készség
Vechter	Harcos
Verwondingen	Sérülések
Vuist	Ököl

Boten
Csónakok

Anker	Horgony
Bemanning	Legénység
Boei	Bója
Dok	Dokk
Golven	Hullámok
Jacht	Jacht
Kajak	Kajak
Kano	Kenu
Mast	Árboc
Meer	Tó
Motor	Motor
Nautisch	Tengeri
Oceaan	Óceán
Reddingsboot	Mentőcsónak
Rivier	Folyó
Touw	Kötél
Veerboot	Komp
Vlot	Tutaj
Zee	Tenger
Zeilboot	Vitorlás

Camping
Kemping

Avontuur	Kaland
Berg	Hegy
Bomen	Fák
Bos	Erdő
Brand	Tűz
Cabine	Kabin
Dieren	Állatok
Hangmat	Függőágy
Hoed	Kalap
Insect	Rovar
Jacht	Vadászat
Kaart	Térkép
Kano	Kenu
Kompas	Iránytű
Lantaarn	Lámpa
Maan	Hold
Meer	Tó
Natuur	Természet
Tent	Sátor
Touw	Kötél

Chemie
Kémia

Alkalisch	Lúgos
Chloor	Klór
Elektron	Elektron
Enzym	Enzim
Gas	Gáz
Gewicht	Súly
Ion	Ion
Katalysator	Katalizátor
Koolstof	Szén
Metalen	Fémek
Molecuul	Molekula
Organisch	Szerves
Reactie	Reakció
Temperatuur	Hőmérséklet
Vloeistof	Folyadék
Warmte	Hő
Waterstof	Hidrogén
Zout	Só
Zuur	Sav
Zuurstof	Oxigén

Chocolade
Csokoládé

Antioxidant	Antioxidáns
Aroma	Aroma
Bitter	Keserű
Cacao	Kakaó
Calorieën	Kalória
Eten	Enni
Exotisch	Egzotikus
Favoriet	Kedvenc
Heerlijk	Finom
Ingrediënt	Összetevő
Karamel	Karamell
Kokosnoot	Kókuszdió
Kwaliteit	Minőség
Poeder	Por
Recept	Recept
Smaak	Íz
Snoep	Cukorka
Suiker	Cukor
Verlangen	Sóvárgás
Zoet	Édes

Creativiteit
Kreativitás

Artistiek	Művészi
Beeld	Kép
Dramatisch	Drámai
Echtheid	Hitelesség
Emoties	Érzelmek
Gevoel	Szenzáció
Gevoelens	Érzések
Helderheid	Világosság
Indruk	Benyomás
Inspiratie	Ihlet
Intensiteit	Intenzitás
Intuïtie	Intuíció
Inventief	Találékony
Spontaan	Spontán
Uitdrukking	Kifejezés
Vaardigheid	Készség
Verbeelding	Képzelet
Visioenen	Víziók
Vitaliteit	Életerő
Vloeibaarheid	Folyékonyság

Dagen en Maanden
Napok és Hónapok

Augustus	Augusztus
Dinsdag	Kedd
Donderdag	Csütörtök
Februari	Február
Jaar	Év
Januari	Január
Juli	Július
Juni	Június
Kalender	Naptár
Maand	Hónap
Maandag	Hétfő
Maart	Március
November	November
Oktober	Október
September	Szeptember
Vrijdag	Péntek
Week	Hét
Woensdag	Szerda
Zaterdag	Szombat
Zondag	Vasárnap

De Media
A Média

Advertenties	Hirdetések
Commercieel	Kereskedelmi
Communicatie	Kommunikáció
Digitaal	Digitális
Editie	Kiadás
Feiten	Tények
Financiering	Finanszírozás
Individueel	Egyéni
Industrie	Ipar
Intellectueel	Szellemi
Kranten	Újságok
Lokaal	Helyi
Mening	Vélemény
Netwerk	Hálózat
Onderwijs	Oktatás
Online	Online
Publiek	Nyilvános
Radio	Rádió
Televisie	Televízió
Tijdschriften	Magazinok

Diplomatie
Diplomácia

Adviseur	Tanácsadó
Ambassade	Nagykövetség
Ambassadeur	Nagykövet
Burgers	Polgárok
Conflict	Konfliktus
Diplomatiek	Diplomáciai
Discussie	Vita
Ethiek	Etika
Gemeenschap	Közösség
Gerechtigheid	Igazságosság
Humanitair	Humanitárius
Integriteit	Integritás
Oplossing	Megoldás
Politiek	Politika
Regering	Kormány
Resolutie	Felbontás
Samenwerking	Együttműködés
Talen	Nyelvek
Veiligheid	Biztonság
Verdrag	Szerződés

Ecologie
Ökológia

Bergen	Hegyek
Diversiteit	Sokféleség
Droogte	Aszály
Duurzaam	Fenntartható
Fauna	Fauna
Flora	Növényvilág
Gemeenschappen	Közösségek
Globaal	Globális
Habitat	Élőhely
Klimaat	Éghajlat
Marinier	Tengeri
Moeras	Mocsár
Natuur	Természet
Natuurlijk	Természetes
Overleving	Túlélés
Planten	Növények
Soort	Faj
Variëteit	Fajta
Vegetatie	Növényzet
Vrijwilligers	Önkéntesek

Energie
Energia

Accu	Akkumulátor
Benzine	Benzin
Brandstof	Üzemanyag
Diesel	Dízel
Elektrisch	Elektromos
Elektron	Elektron
Entropie	Entrópia
Foton	Foton
Hernieuwbaar	Megújuló
Industrie	Ipar
Koolstof	Szén
Motor	Motor
Nucleair	Nukleáris
Omgeving	Környezet
Stoom	Gőz
Turbine	Turbina
Vervuiling	Szennyezés
Warmte	Hő
Waterstof	Hidrogén
Wind	Szél

Engineering
Műszaki

As	Tengely
Berekening	Számítás
Beweging	Mozgás
Bouw	Építés
Diagram	Diagram
Diameter	Átmérő
Diepte	Mélység
Diesel	Dízel
Energie	Energia
Hoek	Szög
Kracht	Erő
Machine	Gép
Meting	Mérés
Motor	Motor
Rotatie	Forgás
Stabiliteit	Stabilitás
Structuur	Szerkezet
Vloeistof	Folyadék
Voortstuwing	Meghajtás
Wrijving	Súrlódás

Eten #1
Élelmiszer #1

Aardbei	Eper
Abrikoos	Sárgabarack
Basilicum	Bazsalikom
Citroen	Citrom
Gerst	Árpa
Kaneel	Fahéj
Knoflook	Fokhagyma
Melk	Tej
Peer	Körte
Pinda	Földimogyoró
Salade	Saláta
Sap	Gyümölcslé
Soep	Leves
Spinazie	Spenót
Suiker	Cukor
Tonijn	Tonhal
Ui	Hagyma
Vlees	Hús
Wortel	Sárgarépa
Zout	Só

Eten #2
Élelmiszer # 2

Amandel	Mandula
Ananas	Ananász
Appel	Alma
Asperge	Spárga
Aubergine	Padlizsán
Banaan	Banán
Broccoli	Brokkoli
Brood	Kenyér
Druif	Szőlő
Ei	Tojás
Ham	Sonka
Kaas	Sajt
Kip	Csirke
Kiwi	Kivi
Perzik	Őszibarack
Rijst	Rizs
Tarwe	Búza
Tomaat	Paradicsom
Vis	Hal
Yoghurt	Joghurt

Familie
Család

Broer	Testvér
Dochter	Lánya
Grootmoeder	Nagymama
Jeugd	Gyermekkor
Kind	Gyermek
Kinderen	Gyermekek
Kleinkind	Unoka
Kleinzoon	Unokája
Man	Férj
Moeder	Anya
Neef	Unokatestvér
Nicht	Unokahúg
Oom	Nagybácsi
Opa	Nagyapa
Tante	Néni
Tweeling	Ikrek
Vader	Apa
Vaderlijk	Apai
Voorouder	Ős
Vrouw	Feleség

Fruit
Gyümölcs

Abrikoos	Sárgabarack
Ananas	Ananász
Appel	Alma
Avocado	Avokádó
Banaan	Banán
Bes	Bogyó
Citroen	Citrom
Druif	Szőlő
Framboos	Málna
Kers	Cseresznye
Kiwi	Kivi
Kokosnoot	Kókuszdió
Mango	Mangó
Meloen	Dinnye
Nectarine	Nektarin
Oranje	Narancs
Papaja	Papaja
Peer	Körte
Perzik	Őszibarack
Pruim	Szilva

Gebouwen
Épületek

Ambassade	Nagykövetség
Appartement	Lakás
Bioscoop	Mozi
Boerderij	Gazdaság
Cabine	Kabin
Fabriek	Gyár
Garage	Garázs
Hotel	Szálloda
Kasteel	Vár
Laboratorium	Laboratórium
Museum	Múzeum
School	Iskola
Schuur	Pajta
Stadion	Stadion
Supermarkt	Szupermarket
Tent	Sátor
Theater	Színház
Toren	Torony
Universiteit	Egyetem
Ziekenhuis	Kórház

Geografie
Földrajz

Atlas	Atlasz
Berg	Hegy
Breedtegraad	Szélesség
Continent	Kontinens
Eiland	Sziget
Evenaar	Egyenlítő
Halfrond	Félteke
Hoogte	Magasság
Kaart	Térkép
Land	Ország
Meridiaan	Meridián
Noorden	Észak
Oceaan	Óceán
Regio	Vidék
Rivier	Folyó
Stad	Város
Wereld	Világ
Westen	Nyugat
Zee	Tenger
Zuiden	Dél

Geologie
Geológia

Aardbeving	Földrengés
Calcium	Kalcium
Continent	Kontinens
Erosie	Erózió
Fossiel	Fosszilis
Geiser	Gejzír
Gesmolten	Olvadt
Grot	Barlang
Koraal	Korall
Kristallen	Kristályok
Kwarts	Kvarc
Laag	Réteg
Lava	Láva
Plateau	Fennsík
Stalactiet	Cseppkő
Steen	Kő
Vulkaan	Vulkán
Zone	Zóna
Zout	Só
Zuur	Sav

Geometrie
Geometria

Berekening	Számítás
Cirkel	Kör
Curve	Ív
Diameter	Átmérő
Dimensie	Dimenzió
Driehoek	Háromszög
Hoek	Szög
Hoogte	Magasság
Horizontaal	Vízszintes
Logica	Logika
Loodrecht	Merőleges
Massa	Tömeg
Mediaan	Medián
Oppervlak	Felület
Parallel	Párhuzamos
Segment	Szegmens
Symmetrie	Szimmetria
Theorie	Elmélet
Vergelijking	Egyenlet
Verticaal	Függőleges

Getallen
Számok

Acht	Nyolc
Achttien	Tizennyolc
Dertien	Tizenhárom
Drie	Három
Een	Egy
Negen	Kilenc
Negentien	Tizenkilenc
Nul	Nulla
Tien	Tíz
Twaalf	Tizenkettő
Twee	Kettő
Twintig	Húsz
Veertien	Tizennégy
Vier	Négy
Vijf	Öt
Vijftien	Tizenöt
Zes	Hat
Zestien	Tizenhat
Zeven	Hét
Zeventien	Tizenhét

Gezondheid en Welzijn #1
Egészség és Wellness #1

Actief	Aktív
Apotheek	Gyógyszertár
Bacteriën	Baktériumok
Behandeling	Kezelés
Breuk	Törés
Dokter	Orvos
Gewoonte	Szokás
Honger	Éhség
Hoogte	Magasság
Hormonen	Hormonok
Huid	Bőr
Kliniek	Klinika
Letsel	Sérülés
Medicijn	Orvosság
Ontspanning	Kikapcsolódás
Reflex	Reflex
Spieren	Izmok
Therapie	Terápia
Virus	Vírus
Zenuwen	Idegek

Gezondheid en Welzijn #2
Egészség és Wellness #2

Allergie	Allergia
Anatomie	Anatómia
Bloed	Vér
Calorie	Kalória
Dieet	Diéta
Energie	Energia
Genetica	Genetika
Gewicht	Súly
Gezond	Egészséges
Herstel	Felépülés
Hygiëne	Higiénia
Infectie	Fertőzés
Lichaam	Test
Massage	Masszázs
Spijsvertering	Emésztés
Stress	Stressz
Vitamine	Vitamin
Voeding	Táplálkozás
Ziekenhuis	Kórház
Ziekte	Betegség

Groenten
Zöldségfélék

Artisjok	Articsóka
Aubergine	Padlizsán
Broccoli	Brokkoli
Erwt	Borsó
Gember	Gyömbér
Knoflook	Fokhagyma
Komkommer	Uborka
Olijf	Olajbogyó
Paddestoel	Gomba
Peterselie	Petrezselyem
Pompoen	Tök
Raap	Fehérrépa
Radijs	Retek
Salade	Saláta
Selderij	Zeller
Sjalot	Mogyoróhagyma
Spinazie	Spenót
Tomaat	Paradicsom
Ui	Hagyma
Wortel	Sárgarépa

Haartypes
Haj Típusok

Blond	Szőke
Bruin	Barna
Dik	Vastag
Droog	Száraz
Dun	Vékony
Gekleurd	Színes
Gevlochten	Fonott
Gezond	Egészséges
Golvend	Hullámos
Grijs	Szürke
Hoofdhuid	Fejbőr
Kaal	Kopasz
Kort	Rövid
Krullen	Fürtök
Krullend	Göndör
Lang	Hosszú
Wit	Fehér
Zacht	Puha
Zilver	Ezüst
Zwart	Fekete

Herbalisme
Herbalism

Aromatisch	Aromás
Basilicum	Bazsalikom
Bloem	Virág
Culinair	Konyhai
Dille	Kapor
Dragon	Tárkony
Groen	Zöld
Ingrediënt	Összetevő
Knoflook	Fokhagyma
Kwaliteit	Minőség
Lavendel	Levendula
Marjolein	Majoránna
Oregano	Oregánó
Peterselie	Petrezselyem
Rozemarijn	Rozmaring
Saffraan	Sáfrány
Smaak	Íz
Tijm	Kakukkfű
Tuin	Kert
Venkel	Édeskömény

Het Bedrijf
A Cég

Beslissing	Döntés
Creatief	Kreatív
Eenheden	Egységek
Genereren	Generálni
Globaal	Globális
Industrie	Ipar
Inkomsten	Bevétel
Innovatief	Innovatív
Investering	Beruházás
Kwaliteit	Minőség
Loon	Bér
Mogelijkheid	Lehetőség
Presentatie	Bemutatás
Product	Termék
Professioneel	Szakmai
Reputatie	Hírnév
Risico'S	Kockázatok
Trends	Trendek
Vooruitgang	Haladás
Zaak	Üzleti

Huis
Ház

Bezem	Seprű
Bibliotheek	Könyvtár
Dak	Tető
Deur	Ajtó
Douche	Zuhany
Garage	Garázs
Haard	Kandalló
Hek	Kerítés
Kamer	Szoba
Kelder	Pince
Keuken	Konyha
Lamp	Lámpa
Meubilair	Bútor
Muur	Fal
Plafond	Mennyezet
Schoorsteen	Kémény
Slaapkamer	Hálószoba
Spiegel	Tükör
Tapijt	Szőnyeg
Tuin	Kert

Installaties
Növények

Bamboe	Bambusz
Bes	Bogyó
Blad	Levél
Bloem	Virág
Boom	Fa
Boon	Bab
Bos	Erdő
Cactus	Kaktusz
Flora	Növényvilág
Gebladerte	Lombozat
Gras	Fű
Klimop	Borostyán
Kruid	Gyógynövény
Mest	Trágya
Mos	Moha
Plantkunde	Botanika
Struik	Bokor
Tuin	Kert
Vegetatie	Növényzet
Wortel	Gyökér

Jazz
Dzsessz

Album	Album
Applaus	Taps
Artiest	Művész
Beroemd	Híres
Componist	Zeneszerző
Concert	Koncert
Favorieten	Kedvencek
Genre	Műfaj
Improvisatie	Improvizáció
Lied	Dal
Muziek	Zene
Nadruk	Hangsúly
Nieuw	Új
Orkest	Zenekar
Oud	Régi
Ritme	Ritmus
Samenstelling	Összetétel
Stijl	Stílus
Talent	Tehetség
Techniek	Technika

Keuken
Konyha

Cup	Csészék
Eten	Enni
Grill	Grill
Ketel	Vízforraló
Koelkast	Hűtőszekrény
Kom	Tál
Kruik	Kancsó
Lepels	Kanalak
Messen	Kések
Oven	Sütő
Pollepel	Merőkanál
Pot	Korsó
Recept	Recept
Schort	Kötény
Servet	Szalvéta
Specerijen	Fűszerek
Spons	Szivacs
Voedsel	Élelmiszer
Vorken	Villa
Vriezer	Mélyhűtő

Kleding
Ruházat

Armband	Karkötő
Blouse	Blúz
Broek	Nadrág
Handschoenen	Kesztyű
Hoed	Kalap
Jas	Kabát
Jasje	Dzseki
Jurk	Ruha
Ketting	Nyaklánc
Mode	Divat
Pyjama	Pizsama
Riem	Öv
Rok	Szoknya
Sandalen	Szandál
Schoen	Cipő
Schort	Kötény
Shirt	Ing
Sjaal	Sál
Sokken	Zokni
Trui	Pulóver

Koffie
Kávé

Aroma	Aroma
Beker	Csésze
Bitter	Keserű
Cafeïne	Koffein
Drank	Ital
Filter	Szűrő
Geroosterd	Pörkölt
Malen	Darál
Melk	Tej
Ochtend	Reggel
Oorsprong	Eredet
Prijs	Ár
Room	Krém
Smaak	Íz
Suiker	Cukor
Variëteit	Fajta
Vloeistof	Folyadék
Water	Víz
Zuur	Savas
Zwart	Fekete

Kracht en Zwaartekracht
Erő és Gravitáció

Afstand	Távolság
As	Tengely
Baan	Pálya
Beweging	Mozgás
Centrum	Központ
Druk	Nyomás
Dynamisch	Dinamikus
Eigendommen	Tulajdonságok
Gewicht	Súly
Impact	Hatás
Magnetisme	Mágnesesség
Mechanica	Mechanika
Natuurkunde	Fizika
Ontdekking	Felfedezés
Planeten	Bolygók
Snelheid	Sebesség
Tijd	Idő
Uitbreiding	Terjeszkedés
Universeel	Egyetemes
Wrijving	Súrlódás

Kunstbenodigdheden
Művészeti Kellékek

Acryl	Akril
Aquarellen	Akvarellek
Borstels	Ecsetek
Camera	Kamera
Creativiteit	Kreativitás
Ezel	Festőállvány
Gom	Radír
Houtskool	Faszén
Inkt	Tinta
Klei	Agyag
Kleuren	Színek
Lijm	Ragasztó
Olie	Olaj
Papier	Papír
Pastel	Pasztell
Potloden	Ceruzák
Stoel	Szék
Tafel	Asztal
Verf	Festékek
Water	Víz

Landen #1
Országok #1

België	Belgium
Brazilië	Brazília
Cambodja	Kambodzsa
Canada	Kanada
Chili	Chile
Duitsland	Németország
Egypte	Egyiptom
Irak	Irak
Israël	Izrael
Italië	Olaszország
Letland	Lettország
Libië	Líbia
Marokko	Marokkó
Nicaragua	Nicaragua
Noorwegen	Norvégia
Panama	Panama
Polen	Lengyelország
Roemenië	Románia
Senegal	Szenegál
Spanje	Spanyolország

Landen #2
Országok #2

Denemarken	Dánia
Ethiopië	Etiópia
Frankrijk	Franciaország
Griekenland	Görögország
Ierland	Írország
Indonesië	Indonézia
Japan	Japán
Kenia	Kenya
Laos	Laosz
Libanon	Libanon
Liberia	Libéria
Maleisië	Malajzia
Mexico	Mexikó
Nepal	Nepál
Nigeria	Nigéria
Oeganda	Uganda
Oekraïne	Ukrajna
Rusland	Oroszország
Somalië	Szomália
Syrië	Szíria

Landschappen
Tájképek

Berg	Hegy
Eiland	Sziget
Geiser	Gejzír
Gletsjer	Gleccser
Grot	Barlang
Heuvel	Domb
Ijsberg	Jéghegy
Meer	Tó
Moeras	Mocsár
Oase	Oázis
Oceaan	Óceán
Rivier	Folyó
Schiereiland	Félsziget
Strand	Strand
Toendra	Tundra
Vallei	Völgy
Vulkaan	Vulkán
Waterval	Vízesés
Woestijn	Sivatag
Zee	Tenger

Literatuur
Irodalom

Analogie	Analógia
Analyse	Elemzés
Anekdote	Anekdota
Auteur	Szerző
Biografie	Életrajz
Conclusie	Következtetés
Dialoog	Párbeszéd
Fictie	Fikció
Gedicht	Vers
Mening	Vélemény
Metafoor	Metafora
Omschrijving	Leírás
Poëtisch	Költői
Rijm	Rím
Ritme	Ritmus
Roman	Regény
Stijl	Stílus
Thema	Téma
Tragedie	Tragédia
Verteller	Narrátor

Meditatie
Elmélkedés

Aandacht	Figyelem
Aanvaarding	Elfogadás
Ademhaling	Légzés
Beweging	Mozgás
Dankbaarheid	Hála
Emoties	Érzelmek
Gedachten	Gondolatok
Geluk	Boldogság
Helderheid	Világosság
Houding	Testtartás
Mededogen	Együttérzés
Mentaal	Mentális
Muziek	Zene
Natuur	Természet
Observatie	Megfigyelés
Perspectief	Perspektíva
Stilte	Csend
Vrede	Béke
Vriendelijkheid	Kedvesség
Wakker	Ébren

Meer Informatie
Sci-Fi

Bioscoop	Mozi
Boeken	Könyvek
Brand	Tűz
Denkbeeldig	Képzeletbeli
Dystopie	Dystopia
Explosie	Robbanás
Extreem	Szélsőséges
Fantastisch	Fantasztikus
Futuristisch	Futurisztikus
Illusie	Illúzió
Mysterieus	Rejtélyes
Orakel	Jóslat
Planeet	Bolygó
Realistisch	Reális
Robots	Robotok
Scenario	Forgatókönyv
Sterrenstelsel	Galaxis
Technologie	Technológia
Utopie	Utópia
Wereld	Világ

Menselijk Lichaam
Emberi Test

Been	Láb
Bloed	Vér
Elleboog	Könyök
Enkel	Boka
Hand	Kéz
Hart	Szív
Hersenen	Agy
Hoofd	Fej
Huid	Bőr
Kaak	Állkapocs
Kin	Áll
Knie	Térd
Maag	Gyomor
Mond	Száj
Nek	Nyak
Neus	Orr
Oor	Fül
Schouder	Váll
Tong	Nyelv
Vinger	Ujj

Metingen
Mérések

Breedte	Szélesség
Byte	Bájt
Centimeter	Centiméter
Decimaal	Tizedes
Diepte	Mélység
Gewicht	Súly
Graad	Fokozat
Gram	Gramm
Hoogte	Magasság
Inch	Hüvelyk
Kilogram	Kilogramm
Kilometer	Kilométer
Lengte	Hossz
Liter	Liter
Massa	Tömeg
Meter	Mérő
Minuut	Perc
Ons	Uncia
Pint	Pint
Ton	Tonna

Mode
Divat

Bescheiden	Szerény
Betaalbaar	Megfizethető
Borduurwerk	Hímzés
Comfortabel	Kényelmes
Duur	Drága
Eenvoudig	Egyszerű
Elegant	Elegáns
Kant	Csipke
Kleding	Ruházat
Knop	Gombok
Minimalistisch	Minimalista
Modern	Modern
Origineel	Eredeti
Patroon	Minta
Praktisch	Gyakorlati
Stijl	Stílus
Stof	Szövet
Textuur	Textúra
Trend	Irányzat
Winkel	Butik

Muziek
Zene

Album	Album
Ballade	Ballada
Harmonie	Harmónia
Improviseren	Rögtönöz
Instrument	Eszköz
Klassiek	Klasszikus
Koor	Kórus
Lyrisch	Lírai
Melodie	Dallam
Microfoon	Mikrofon
Muzikaal	Zenei
Muzikant	Zenész
Opera	Opera
Opname	Felvétel
Poëtisch	Költői
Ritme	Ritmus
Ritmisch	Ritmikus
Tempo	Tempó
Zanger	Énekes
Zingen	Énekel

Muziekinstrumenten
Hangszerek

Banjo	Bendzsó
Cello	Cselló
Fagot	Fagott
Fluit	Fuvola
Gitaar	Gitár
Gong	Gong
Harp	Hárfa
Hobo	Oboa
Klarinet	Klarinét
Klokkenspel	Harangjáték
Mandoline	Mandolin
Marimba	Marimba
Mondharmonica	Harmonika
Piano	Zongora
Saxofoon	Szaxofon
Tamboerijn	Csörgődob
Trombone	Harsona
Trommel	Dob
Trompet	Trombita
Viool	Hegedű

Mythologie
Mitológia

Archetype	Archetípus
Bliksem	Villám
Creatie	Teremtés
Cultuur	Kultúra
Donder	Mennydörgés
Doolhof	Labirintus
Gedrag	Viselkedés
Held	Hős
Heldin	Hősnő
Hemel	Menny
Jaloezie	Féltékenység
Kracht	Erő
Krijger	Harcos
Legende	Legenda
Magisch	Mágikus
Monster	Szörny
Ramp	Katasztrófa
Sterfelijk	Halandó
Wezen	Teremtmény
Wraak	Bosszú

Natuur
Természet

Arctisch	Sarkvidéki
Bijen	Méhek
Bos	Erdő
Dieren	Állatok
Dynamisch	Dinamikus
Erosie	Erózió
Gebladerte	Lombozat
Gletsjer	Gleccser
Heiligdom	Szentély
Klippen	Sziklák
Mist	Köd
Rivier	Folyó
Schoonheid	Szépség
Schuilplaats	Menedék
Sereen	Derűs
Tropisch	Trópusi
Vitaal	Létfontosságú
Wild	Vad
Woestijn	Sivatag
Wolken	Felhők

Natuurkunde
Fizika

Atoom	Atom
Chaos	Káosz
Chemisch	Kémiai
Deeltje	Részecske
Dichtheid	Sűrűség
Elektron	Elektron
Experiment	Kísérlet
Formule	Képlet
Frequentie	Frekvencia
Gas	Gáz
Magnetisme	Mágnesesség
Massa	Tömeg
Mechanica	Mechanika
Molecuul	Molekula
Motor	Motor
Relativiteit	Relativitás
Snelheid	Sebesség
Universeel	Egyetemes
Versnelling	Gyorsulás
Zwaartekracht	Gravitáció

Oceaan
Óceán

Aal	Angolna
Algen	Alga
Boot	Hajó
Dolfijn	Delfin
Garnaal	Garnélarák
Getijden	Árapály
Haai	Cápa
Koraal	Korall
Krab	Rák
Kwal	Medúza
Octopus	Polip
Oester	Osztriga
Rif	Zátony
Schildpad	Teknős
Spons	Szivacs
Storm	Vihar
Tonijn	Tonhal
Vis	Hal
Walvis	Bálna
Zout	Só

Opwarming van de Aarde
A Globális Felmelegedés

Aandacht	Figyelem
Arctisch	Sarkvidéki
Crisis	Válság
Energie	Energia
Gas	Gáz
Gegevens	Adat
Generaties	Generációk
Industrie	Ipar
Internationaal	Nemzetközi
Klimaat	Éghajlat
Mensen	Emberek
Milieu	Környezeti
Nu	Most
Ontwikkeling	Fejlődés
Regering	Kormány
Temperaturen	Hőmérséklet
Toekomst	Jövő
Veranderingen	Változások
Wetenschapper	Tudós
Wetgeving	Jogszabályok

Overheid
Kormányzat

Civiel	Polgári
Democratie	Demokrácia
Discussie	Vita
Gelijkheid	Egyenlőség
Gerechtelijk	Bírósági
Gerechtigheid	Igazságosság
Grondwet	Alkotmány
Leider	Vezető
Monument	Emlékmű
Natie	Nemzet
Nationaal	Nemzeti
Politiek	Politika
Rechten	Jogok
Rustig	Békés
Staat	Állam
Symbool	Szimbólum
Toespraak	Beszéd
Vrijheid	Szabadság
Wet	Törvény
Wijk	Kerület

Psychologie
Pszichológia

Beoordeling	Értékelés
Bewusteloos	Eszméletlen
Cognitie	Megismerés
Conflict	Konfliktus
Dromen	Álmok
Ego	Én
Emoties	Érzelmek
Ervaringen	Tapasztalatok
Gedachten	Gondolatok
Gedrag	Viselkedés
Gevoel	Szenzáció
Herinneringen	Emlékek
Invloed	Befolyások
Jeugd	Gyermekkor
Klinisch	Klinikai
Perceptie	Észlelés
Persoonlijkheid	Személyiség
Probleem	Probléma
Realiteit	Valóság
Therapie	Terápia

Restaurant #1
Étterem #1

Allergie	Allergia
Bord	Tányér
Brood	Kenyér
Eten	Enni
Ingrediënten	Összetevők
Kassier	Pénztáros
Keuken	Konyha
Kip	Csirke
Koffie	Kávé
Kom	Tál
Menu	Menü
Mes	Kés
Pittig	Fűszeres
Reservering	Foglalás
Saus	Szósz
Serveerster	Pincérnő
Servet	Szalvéta
Toetje	Desszert
Vlees	Hús
Voedsel	Élelmiszer

Restaurant #2
Étterem #2

Cake	Torta
Diner	Vacsora
Drank	Ital
Eieren	Tojás
Fruit	Gyümölcs
Groente	Zöldségek
Heerlijk	Finom
Ijs	Jég
Lepel	Kanál
Lunch	Ebéd
Noedels	Tészta
Ober	Pincér
Salade	Saláta
Soep	Leves
Specerijen	Fűszerek
Stoel	Szék
Vis	Hal
Vork	Villa
Water	Víz
Zout	Só

Rijden
Vezetés

Auto	Autó
Brandstof	Üzemanyag
Garage	Garázs
Gas	Gáz
Gevaar	Veszély
Kaart	Térkép
Licentie	Engedély
Motor	Motor
Motorfiets	Motorkerékpár
Ongeluk	Baleset
Politie	Rendőrség
Remmen	Fékek
Snelheid	Sebesség
Straat	Utca
Tunnel	Alagút
Veiligheid	Biztonság
Verkeer	Forgalom
Voetganger	Gyalogos
Vrachtauto	Kamion
Weg	Út

Schaken
Sakk

Diagonaal	Átlós
Kampioen	Bajnok
Koning	Király
Koningin	Királynő
Leren	Tanulni
Offer	Áldozat
Passief	Passzív
Punten	Pontok
Reglement	Szabályok
Slim	Okos
Spel	Játék
Speler	Játékos
Strategie	Stratégia
Tegenstander	Ellenfél
Tijd	Idő
Toernooi	Torna
Uitdagingen	Kihívások
Wedstrijd	Verseny
Wit	Fehér
Zwart	Fekete

Specerijen
Fűszerek

Anijs	Ánizs
Bitter	Keserű
Fenegriek	Görögszéna
Gember	Gyömbér
Kaneel	Fahéj
Kardemom	Kardamom
Kerrie	Curry
Knoflook	Fokhagyma
Komijn	Kömény
Koriander	Koriander
Kruidnagel	Szegfűszeg
Nootmuskaat	Szerecsendió
Paprika	Paprika
Saffraan	Sáfrány
Smaak	Íz
Ui	Hagyma
Vanille	Vanília
Venkel	Édeskömény
Zoet	Édes
Zout	Só

Stad
Város

Apotheek	Gyógyszertár
Bakkerij	Pékség
Bank	Bank
Bibliotheek	Könyvtár
Bioscoop	Mozi
Bloemist	Virágárus
Boekhandel	Könyvesbolt
Dierentuin	Állatkert
Galerij	Galéria
Hotel	Szálloda
Kliniek	Klinika
Luchthaven	Repülőtér
Markt	Piac
Museum	Múzeum
School	Iskola
Stadion	Stadion
Supermarkt	Szupermarket
Theater	Színház
Universiteit	Egyetem
Winkel	Bolt

Strand
Strand

Blauw	Kék
Boot	Hajó
Dok	Dokk
Eiland	Sziget
Handdoek	Törülköző
Krab	Rák
Kust	Part
Lagune	Lagúna
Oceaan	Óceán
Paraplu	Esernyő
Rif	Zátony
Sandalen	Szandál
Schelpen	Kagyló
Vakantie	Nyaralás
Zand	Homok
Zee	Tenger
Zeilboot	Vitorlás
Zon	Nap
Zwemmen	Úszni

Tijd
Idő

Dag	Nap
Decennium	Évtized
Eeuw	Század
Gisteren	Tegnap
Jaar	Év
Jaarlijks	Éves
Kalender	Naptár
Maand	Hónap
Middag	Dél
Minuut	Perc
Morgen	Holnap
Na	Után
Nacht	Éjszaka
Nu	Most
Ochtend	Reggel
Toekomst	Jövő
Uur	Óra
Vandaag	Ma
Vroeg	Korai
Week	Hét

Tuin
Kert

Bank	Pad
Bloem	Virág
Boom	Fa
Boomgaard	Gyümölcsös
Garage	Garázs
Gazon	Gyep
Gras	Fű
Hangmat	Függőágy
Hark	Gereblye
Hek	Kerítés
Onkruid	Gyomok
Rotsen	Sziklák
Schop	Lapát
Slang	Tömlő
Struik	Bokor
Terras	Terasz
Trampoline	Trambulin
Tuin	Kert
Vijver	Tavacska
Wijnstok	Szőlő

Tuinieren
Kertészkedés

Blad	Levél
Bloemen	Virágos
Bloesem	Virág
Bodem	Talaj
Boeket	Csokor
Boomgaard	Gyümölcsös
Botanisch	Botanika
Compost	Komposzt
Container	Tartály
Eetbaar	Ehető
Exotisch	Egzotikus
Gebladerte	Lombozat
Klimaat	Éghajlat
Seizoensgebonden	Szezonális
Slang	Tömlő
Soort	Faj
Vocht	Nedvesség
Vuil	Piszok
Water	Víz
Zaden	Magok

Universum
Világegyetem

Asteroïde	Aszteroida
Astronomie	Csillagászat
Astronoom	Csillagász
Atmosfeer	Légkör
Baan	Pálya
Breedtegraad	Szélesség
Dierenriem	Állatöv
Duisternis	Sötétség
Evenaar	Egyenlítő
Halfrond	Félteke
Hemel	Ég
Horizon	Horizont
Kosmisch	Kozmikus
Lengtegraad	Hosszúság
Maan	Hold
Sterrenstelsel	Galaxis
Telescoop	Távcső
Zichtbaar	Látható
Zonne	Nap
Zonnewende	Napforduló

Vakantie #2
Nyaralás #2

Bergen	Hegyek
Buitenlander	Külföldi
Eiland	Sziget
Hotel	Szálloda
Kaart	Térkép
Kamperen	Kemping
Luchthaven	Repülőtér
Paspoort	Útlevél
Reis	Utazás
Reserveringen	Foglalások
Restaurant	Étterem
Strand	Strand
Taxi	Taxi
Tent	Sátor
Trein	Vonat
Vakantie	Nyaralás
Vervoer	Szállítás
Visum	Vízum
Vrije Tijd	Szabadidő
Zee	Tenger

Vliegtuigen
Repülőgépek

Afdaling	Származás
Atmosfeer	Légkör
Avontuur	Kaland
Ballon	Ballon
Bemanning	Legénység
Bouw	Építés
Brandstof	Üzemanyag
Geschiedenis	Történelem
Hemel	Ég
Hoogte	Magasság
Landen	Leszállás
Lucht	Levegő
Motor	Motor
Navigeren	Hajózik
Ontwerp	Tervezés
Passagier	Utas
Piloot	Pilóta
Richting	Irány
Turbulentie	Turbulencia
Waterstof	Hidrogén

Voeding
Teljesítmény

Bitter	Keserű
Calorieën	Kalória
Dieet	Diéta
Eetbaar	Ehető
Eetlust	Étvágy
Eiwitten	Fehérjék
Fermentatie	Erjesztés
Gewicht	Súly
Gezond	Egészséges
Gezondheid	Egészség
Koolhydraten	Szénhidrátok
Kwaliteit	Minőség
Saus	Szósz
Smaak	Íz
Specerijen	Fűszerek
Spijsvertering	Emésztés
Toxine	Toxin
Vitamine	Vitamin
Vloeistoffen	Folyadékok
Voedingsstof	Tápanyag

Voertuigen
Járművek

Ambulance	Mentőautó
Auto	Autó
Banden	Gumik
Bestelwagen	Furgon
Boot	Hajó
Bus	Busz
Caravan	Lakókocsi
Fiets	Kerékpár
Helikopter	Helikopter
Metro	Metró
Motor	Motor
Raket	Rakéta
Scooter	Robogó
Taxi	Taxi
Tractor	Traktor
Trein	Vonat
Veerboot	Komp
Vliegtuig	Repülőgép
Vlot	Tutaj
Vrachtauto	Kamion

Vogels
Madarak

Duif	Galamb
Eend	Kacsa
Ei	Tojás
Flamingo	Flamingó
Gans	Liba
Kip	Csirke
Koekoek	Kakukk
Kraai	Varjú
Meeuw	Sirály
Mus	Veréb
Ooievaar	Gólya
Papegaai	Papagáj
Pauw	Páva
Pelikaan	Pelikán
Pinguïn	Pingvin
Reiger	Gém
Struisvogel	Strucc
Toekan	Tukán
Uil	Bagoly
Zwaan	Hattyú

Wandelen
Túrázás

Berg	Hegy
Dieren	Állatok
Gevaren	Veszélyek
Kaart	Térkép
Kamperen	Kemping
Klif	Szikla
Klimaat	Éghajlat
Laarzen	Csizma
Moe	Fáradt
Muggen	Szúnyogok
Natuur	Természet
Oriëntatie	Orientáció
Parken	Parkok
Stenen	Kövek
Voorbereiding	Előkészítés
Water	Víz
Weer	Időjárás
Wild	Vad
Zon	Nap
Zwaar	Nehéz

Water
Víz

Douche	Zuhany
Geiser	Gejzír
Golven	Hullámok
Ijs	Jég
Irrigatie	Öntözés
Kanaal	Csatorna
Meer	Tó
Moesson	Monszun
Oceaan	Óceán
Orkaan	Hurrikán
Overstroming	Árvíz
Regen	Eső
Rivier	Folyó
Sneeuw	Hó
Stoom	Gőz
Verdamping	Párolgás
Vocht	Nedvesség
Vochtig	Nedves
Vochtigheid	Páratartalom
Vorst	Fagy

Weersomstandigheden
Időjárás

Atmosfeer	Légkör
Bliksem	Villám
Donder	Mennydörgés
Droogte	Aszály
Hemel	Ég
Ijs	Jég
Klimaat	Éghajlat
Mist	Köd
Moesson	Monszun
Orkaan	Hurrikán
Overstroming	Árvíz
Polair	Poláris
Regenboog	Szivárvány
Storm	Vihar
Temperatuur	Hőmérséklet
Tornado	Tornádó
Tropisch	Trópusi
Vochtig	Nedves
Wind	Szél
Wolk	Felhő

Wetenschap
Tudomány

Atoom	Atom
Chemisch	Kémiai
Deeltjes	Részecskék
Evolutie	Evolúció
Experiment	Kísérlet
Feit	Tény
Fossiel	Fosszilis
Gegevens	Adat
Hypothese	Hipotézis
Klimaat	Éghajlat
Laboratorium	Laboratórium
Methode	Módszer
Moleculen	Molekulák
Natuur	Természet
Natuurkunde	Fizika
Observatie	Megfigyelés
Organisme	Szervezet
Planten	Növények
Wetenschapper	Tudós
Zwaartekracht	Gravitáció

Wetenschappelijke Discip
Tudományos Tudományágak

Anatomie	Anatómia
Archeologie	Régészet
Astronomie	Csillagászat
Biochemie	Biokémia
Biologie	Biológia
Chemie	Kémia
Ecologie	Ökológia
Fysiologie	Fiziológia
Geologie	Geológia
Immunologie	Immunológia
Mechanica	Mechanika
Meteorologie	Meteorológia
Mineralogie	Ásványtan
Neurologie	Neurológia
Plantkunde	Botanika
Psychologie	Pszichológia
Robotica	Robotika
Sociologie	Szociológia
Thermodynamica	Termodinamika
Voeding	Táplálkozás

Wiskunde
Matematika

Bol	Gömb
Decimaal	Tizedes
Diameter	Átmérő
Driehoek	Háromszög
Exponent	Kitevő
Fractie	Töredék
Geometrie	Geometria
Graden	Fok
Hoeken	Szögek
Loodrecht	Merőleges
Omtrek	Kerület
Parallel	Párhuzamos
Rechthoek	Téglalap
Rekenkundig	Számtan
Som	Összeg
Straal	Sugár
Symmetrie	Szimmetria
Veelhoek	Poligon
Vergelijking	Egyenlet
Vierkant	Négyzet

Zakelijk
Üzleti

Baas	Főnök
Bedrijf	Vállalat
Begroting	Költségvetés
Belastingen	Adók
Carrière	Karrier
Fabriek	Gyár
Financiën	Pénzügy
Geld	Pénz
Inkomen	Jövedelem
Investering	Beruházás
Kantoor	Iroda
Korting	Kedvezmény
Kosten	Költség
Transactie	Tranzakció
Valuta	Valuta
Verkoop	Eladás
Werkgever	Munkáltató
Werknemer	Alkalmazott
Winkel	Üzlet
Winst	Nyereség

Ziekte
Betegség

Acuut	Akut
Ademhaling	Légzés
Allergieën	Allergia
Bacterieel	Bakteriális
Besmettelijk	Fertőző
Botten	Csontok
Buik	Hasi
Chronisch	Krónikus
Erfelijk	Örökletes
Genetisch	Genetikai
Genezing	Gyógyulás
Gezondheid	Egészség
Hart	Szív
Immuniteit	Immunitás
Lichaam	Test
Neuropathie	Neuropátia
Ontsteking	Gyulladás
Syndroom	Szindróma
Therapie	Terápia
Zwak	Gyenge

Zoogdieren
Emlősök

Aap	Majom
Bever	Hód
Coyote	Prérifarkas
Dolfijn	Delfin
Ezel	Szamár
Geit	Kecske
Giraf	Zsiráf
Gorilla	Gorilla
Hond	Kutya
Kameel	Teve
Kangoeroe	Kenguru
Kat	Macska
Konijn	Nyúl
Leeuw	Oroszlán
Olifant	Elefánt
Paard	Ló
Stier	Bika
Vos	Róka
Walvis	Bálna
Wolf	Farkas

Gefeliciteerd

Je hebt het gehaald!

We hopen dat u net zoveel plezier beleeft aan dit boek als wij aan het maken ervan. We doen ons best om spellen van hoge kwaliteit te maken.
Deze puzzels zijn op een slimme manier ontworpen zodat je actief kunt leren terwijl je plezier hebt!

Vond je ze mooi?

Een Eenvoudig Verzoek

Onze boeken bestaan dankzij de recensies die zij publiceren.
Kunt u ons helpen door nu een mening achter te laten ?

Hier is een korte link die u naar uw
bestellingen beoordelingspagina.

BestBooksActivity.com/Recensie50

FINAAL UITDAGING!

Uitdaging nr. 1

Klaar voor uw bonusspel? We gebruiken ze de hele tijd, maar ze zijn niet zo gemakkelijk te vinden. Hier zijn **Synoniemen!**

Noteer 5 woorden die je ontdekt hebt in elk van de onderstaande puzzels (nr. 21, nr. 36, nr. 76) en probeer voor elk woord 2 synoniemen te vinden.

Notitie 5 Woorden uit ***Puzzle 21***

Woorden	Synoniem 1	Synoniem 2

Notitie 5 Woorden uit ***Puzzle 36***

Woorden	Synoniem 1	Synoniem 2

Notitie 5 Woorden uit ***Puzzle 76***

Woorden	Synoniem 1	Synoniem 2

Uitdaging nr. 2

Nu je opgewarmd bent, noteer 5 woorden die je ontdekt hebt in elke hieronder genoteerde puzzel (nr. 9, nr. 17, nr. 25) en probeer voor elk woord 2 antoniemen te vinden. Hoeveel regels kan je doen in 20 minuten?

Notitie 5 Woorden uit ***Puzzle 9***

Woorden	Antoniem 1	Antoniem 2

Notitie 5 Woorden uit ***Puzzle 17***

Woorden	Antoniem 1	Antoniem 2

Notitie 5 Woorden uit ***Puzzle 25***

Woorden	Antoniem 1	Antoniem 2

Uitdaging nr. 3

Prachtig, deze finaal uitdaging  is makkelijk voor jou!

Klaar voor de laatste? Kies je 10 favoriete woorden die je in een van de puzzels hebt ontdekt en noteer ze hieronder.

1.	6.
2.	7.
3.	8.
4.	9.
5.	10.

De uitdaging is nu om met deze woorden en binnen een maximum van zes zinnen een tekst te schrijven over een persoon, dier of plaats waar je van houdt!

Tip: U kunt de laatste blanco pagina van dit boek als kladblaadje gebruiken!

Je schrijven:

NOTITIEBOEKJE:

TOT SNEL!

Linguas Classics

www.ingramcontent.com/pod-product-compliance
Lightning Source LLC
Chambersburg PA
CBHW082057120626
46553CB00011B/3440